essentials

essentials liefern aktuelles Wissen in konzentrierter Form. Die Essenz dessen, worauf es als „State-of-the-Art" in der gegenwärtigen Fachdiskussion oder in der Praxis ankommt. *essentials* informieren schnell, unkompliziert und verständlich

- als Einführung in ein aktuelles Thema aus Ihrem Fachgebiet
- als Einstieg in ein für Sie noch unbekanntes Themenfeld
- als Einblick, um zum Thema mitreden zu können

Die Bücher in elektronischer und gedruckter Form bringen das Expertenwissen von Springer-Fachautoren kompakt zur Darstellung. Sie sind besonders für die Nutzung als eBook auf Tablet-PCs, eBook-Readern und Smartphones geeignet. *essentials:* Wissensbausteine aus den Wirtschafts-, Sozial- und Geisteswissenschaften, aus Technik und Naturwissenschaften sowie aus Medizin, Psychologie und Gesundheitsberufen. Von renommierten Autoren aller Springer-Verlagsmarken.

Weitere Bände in dieser Reihe http://www.springer.com/series/13088

Gernot Saalmann

Soziale Ungleichheit in Indien

Von Dumont zu Bourdieu

 Springer VS

Gernot Saalmann
Albert-Ludwigs-Universität Freiburg
Freiburg, Deutschland

ISSN 2197-6708 ISSN 2197-6716 (electronic)
essentials
ISBN 978-3-658-17623-5 ISBN 978-3-658-17624-2 (eBook)
DOI 10.1007/978-3-658-17624-2

Die Deutsche Nationalbibliothek verzeichnet diese Publikation in der Deutschen Nationalbibliografie; detaillierte bibliografische Daten sind im Internet über http://dnb.d-nb.de abrufbar.

Springer VS

Gedruckt auf säurefreiem und chlorfrei gebleichtem Papier

Springer VS ist Teil von Springer Nature
Die eingetragene Gesellschaft ist Springer Fachmedien Wiesbaden GmbH
Die Anschrift der Gesellschaft ist: Abraham-Lincoln-Str. 46, 65189 Wiesbaden, Germany

Was Sie in diesem *essential* finden können

- Eine historische Betrachtung der Begriffe zur Analyse der indischen Gesellschaft
- Eine Kritik des Begriffs »Kaste«
- Eine Darstellung der Theorie von Pierre Bourdieu
- Eine Analyse der indischen Gesellschaft unter Zuhilfenahme von Bourdieus Klassenbegriff

Inhaltsverzeichnis

1 **Die Beschreibung der Gesellschaft in Indien** 1

2 **Soziale Ungleichheit** 17

3 **Bourdieus Theorie** 21

4 **Mit Bourdieu auf Indien geblickt** 29

Schluss: Prestigegewinne und wertende Klassifikationen 35

Literatur 41

Einleitung: Von Kasten zu Klassen?

Ein Sechstel der Weltbevölkerung lebt in Indien. Sprechen Soziologen über Klassen, kommt die Situation in Indien selten in den Sinn – allzu sehr verbindet man diese mit einer Sozialstruktur, die auf Kasten beruht. Abgesehen davon, dass »Kaste« als Begriff eher unpräzise ist, gibt es zwei weitere Gründe, diese Sicht zu hinterfragen:

1. Sozialwissenschaftler haben ausführlich belegt, dass ein festes Kastensystem nicht überall in Indien gleichermaßen vorliegt und dass es vor allem eine koloniale Konstruktion ist, die gestützt auf die Ideologie der Brahmanen von den nach westlichen Maßstäben erzogenen Mittelstands-Bürgern im Austausch mit Kolonialbeamten als dominantes Deutungsmuster der sozialen Realität etabliert worden ist. Als solches wurde es auch im Westen allzu unhinterfragt übernommen (Bayly 1999, S. 3, 25, 97 ff.).
2. Mit dem politisch gewollten Modernisierungsschub nach der Unabhängigkeit des Landes 1947 und erst recht seit der wirtschaftspolitischen Wende 1991 scheinen sich in Indien immer deutlicher Klassen herauszubilden. Alle reden von der rasch wachsenden Mittelklasse, die aber eher schwammig definiert wird (Gupta 2009, S. 68 ff.; Sridharan 2011).

Konzeptualisierungen der indischen Sozialstruktur sind daher in doppelter Hinsicht zu historisieren. So wie das Nachdenken über die »Kastengesellschaft« historischen Veränderungen unterliegt, wandelt sich auch diese Gesellschaft selbst fortwährend.

In der Zeit des British Empire unterlag Indien besonderen Einflüssen: Englisch als Verwaltungssprache seit 1835, neues Bildungswesen, Abgrenzung und Aufzählung von Teilgruppen in der Gesellschaft unter der ursprünglich portugiesischen Bezeichnung »Kaste«, Bevölkerungsverschiebungen durch Vertragsarbeit, die Übernahme der Begriffe Gesellschaft und Klasse, sowie die Propagierung von Modernisierung und Säkularismus. Die indische Soziologie stützt sich bis heute maßgeblich auf Verfahren und Theorien aus Europa oder den USA. Thottamon Unnithan sprach deshalb vom »soziologischen Kolonialismus« (1982, S. 77). Eine eigenständige, »indische« soziologische *Theorie* gibt es nicht[1], wohl aber jede Menge sehr guter Soziologen, wenngleich hier eine Dominanz der oberen Kasten festzustellen ist (Guru 2002; Kumar 2016).

Die Übertragungen und Übernahmen wurden vielfach kritisch reflektiert, wobei oft die Analyse der indischen Gesellschaft mit dem Begriff der Kaste im Mittelpunkt stand (Inden 1990; Dirks 2001). Neben der marxistischen *Klassen*analyse stehend, war die Soziologie der *Kaste*ngesellschaft bis vor kurzem noch stark geprägt von der struktur-funktionalistischen Systemtheorie von Talcott Parsons (Normen und ihre Internalisierung, Rollen, Systemdenken), dem Strukturalismus oder der Tauschtheorie (Peter M. Blau), die in der Soziologie selbst mittlerweile etwas veraltet sind. Deshalb soll hier der Versuch gemacht werden, die Theorie von Pierre Bourdieu auf die indischen Verhältnisse zu übertragen. Die Arbeit verfolgt dabei eher ein theoretisches Interesse, weshalb ethnografische und philologische Details in den Hintergrund treten. Notwendig werden Sachverhalte vereinfacht, um ein generelles Argument stark zu machen. Auch wenn der Blick in die Geschichte spekulativ ist, so dient er dazu, die Verflechtung ökonomischer, politischer und religiöser Komponenten in der Entstehung der Sozialstruktur in Indien zu beleuchten. Das erkenntnistheoretische und wissenschaftstheoretische Problem des Verhältnisses allgemeiner Formulierungen zu den Einzelerscheinungen hängt sowohl zusammen mit den zwei Schichten der theoretischen Durchdringung und Überlieferung (große und kleine Tradition), als auch mit der handlungstheoretischen Frage nach explizit gemachten und implizit gelassenen Gründen. Die interessante Aufgabe besteht somit darin, eine theoretische Formulierung zu finden, die erklären kann, wie Menschen im Alltag von tieferen Gedanken und theoretischen Erwägungen beeinflusst sein können, ohne dass ihnen dies bewusst sein muss. Weshalb und wie wirkt die Kastenideologie, sogar wenn man sich dagegen stellt?

Die Diskussion darum, wie man die indische Gesellschaft verstehen und beschreiben kann, und welchen Nutzen der Begriff Kaste dabei hat, ist ungeheuer vielfältig. Sie kann hier nur kurz umrissen werden, indem auf die Hauptpunkte

---

[1]Die frühe Bestandsaufnahme von Ramkrishna Mukherjee (1977) zeigt, dass sich die indischen Soziologen meist an den Polen des positivistisch Deskriptiven oder des normativ Spekulativen bewegt haben (bes. S. 47 ff.). Kritisch auch Patel (2013).

der Diskussion und offene Fragen hingewiesen wird. Dies soll am Leitfaden der Diskussion um die Thesen von Louis Dumont geschehen (Kap. 1). Daran anschließend wird die These vertreten, dass sich die offenen und strittigen Fragen mit der Theorie von Bourdieu beantworten lassen (Kap. 3, 4). Mit ihr steht ein Analysewerkzeug zur Verfügung, mit dem nicht nur die ältere Kastengesellschaft, sondern auch der Wandel zur neuen »Klassengesellschaft« begriffen werden kann. Für Bourdieu besteht ein enger Zusammenhang zwischen Klasse und Klassifikation (und damit auch symbolischer Macht) und er macht deutlich, dass es bei diesen Klassen in der sozialen Praxis vorwiegend um Statusfragen geht. Klassifikation und Status sind aber auch zwei grundlegende Kennzeichen des Denkens in »Kasten«. Diese Gemeinsamkeiten werden zusätzlich erläutert durch allgemeine Überlegungen zu sozialer Ungleichheit (Kap. 2).

Das Folgende bezieht sich nur auf Hindus (im strikt religiösen Sinne), auch wenn sich im Alltagsleben der anderen Religionsgemeinschaften in Indien Ähnliches findet. Diese Einschränkung erfolgt hier allein aus Platzgründen. In einer umfangreicheren Darstellung müssten gerade diese Verflechtungen systematisch aufgearbeitet werden, um dem (anti)kolonialistischen Mythos einer autochthonen Entwicklung des »Hinduismus« entgegen zu wirken, indem man die jahrtausendealten Verflechtungen Indiens mit anderen Weltregionen aufzeigt.[2]

---

[2]Für hilfreiche Anmerkungen danke ich Andreas Küchle, Christian Wagner und Carmen Brandt.

Die Beschreibung der Gesellschaft in Indien

1

Mit den Ausführungen in diesem Abschnitt soll nicht etwa die Einzigartigkeit der indischen Sozialstruktur behauptet, wohl aber ihre Besonderheit verständlich gemacht werden. Der Rekurs auf Religion schiebt nicht eine ideologische Begründung der Sozialwelt ungebührlich in den Vordergrund, sondern will deutlich machen, um welches Arrangement sozialer Bestandteile es sich denn genau handelt, das auch in Indien vorwiegend mit Macht und Gewalt aufrecht erhalten wird. Die Ähnlichkeit der in ganz Indien vorgefundenen Phänomene beruht sowohl auf strukturierenden Grundgedanken, als auch der Nachahmung prestigeträchtiger Vorbilder. Dazu kommen ähnliche Heilsziele, aber auch schierer Zwang.

Mit einem gewissen Recht ging Louis Dumont (1911–1998) davon aus, dass heutige Europäer einige Schwierigkeiten haben, das indische Denken zu erfassen, das natürlich in sich nicht homogen ist. Während für sie soziale Ungleichheit und erst recht stratifizierte Ungleichheit dem Grundwert der Gleichheit widerspricht, werden in Indien Ungleichheit und Hierarchie anerkannt. Man fordert höchstens einen höheren Status für die eigene Gruppe. Gleichwohl bleibt die Fixierung der Europäer auf das Thema Hierarchie durch eine wissenschaftshistorische Nachzeichnung des Diskurses zu erklären, um Zerrbilder zu korrigieren (Appadurai 1988). So hat es in Indien immer wieder Protestbewegungen gegen soziale Ungleichheit gegeben und die Menschen in Europa andererseits akzeptieren erstaunlich gelassen völlig ungerechtfertigte, extreme Einkommensunterschiede. Pierre Bourdieu geht deshalb in seinen Arbeiten der Frage nach, wieso »die unerträglichsten Lebensbedingungen so häufig als akzeptabel und sogar natürlich erscheinen können« (2005, S. 7).

Aber es gibt – etwas schematisch dargestellt – einen noch tiefer gehenden Bruch zwischen den Kulturregionen, denn im christlichen Europa wurden alle reli-

© Springer Fachmedien Wiesbaden GmbH 2017

G. Saalmann, *Soziale Ungleichheit in Indien,* essentials,

DOI 10.1007/978-3-658-17624-2_1

giösen Mächte in einem Gott vereint, der *transzendent* gesetzt wurde. Inder haben eine ganz andere Welterfahrung. Für sie ist die Welt nicht neutral, sondern sie ist voller Geister, Dämonen und Götter, die freundlich gestimmt und verehrt werden müssen. Daneben hat alles eine bestimmbare Qualität: Zeitpunkte und Ereignisse können mehr oder weniger Glück verheißend sein, Gegenstände und Handlungen perfekt oder weniger vollkommen, oder auch verunreinigend (Marriott und Inden 1974, S. 984). Daher spielen Astrologie und magische Rituale eine genauso wichtige Rolle wie Feste und Zeremonien, bis hin zu Rezitationen und Körperexerzitien (s. die Beiträge in Carman und Marglin 1985). Der oft hervorgehobene Aspekt der Reinheit meint weniger einen Zustand, als vielmehr das auf möglichst hohem Niveau erreichte Gleichgewicht von reinigenden und verunreinigenden Ereignissen und Praktiken im Lebensverlauf (Marriott 1969, S. 1172).

Der zweite wichtige Unterschied zum europäischen Denken liegt darin, dass in Indien nicht danach gestrebt wird, etwas unbedingt eindeutig und widerspruchsfrei zu identifizieren.[1] Stattdessen werden Zwischentöne, Mischungen und Kombinationen zugelassen. Das bedeutet keineswegs, dass im indischen Denken etwas nicht benannt wird oder nicht Bestandteile aufgezählt werden. Ganz im Gegenteil sind die Schriften voll davon, wie Brian Smith gezeigt hat (1994). So gibt es vier Lebensziele *(purushartha),* vier Lebensstadien *(ashrama),* vier Stände und Farben *(varna),* drei Grundqualitäten *(guna)* und so weiter. Diese und ähnliche Auflistungen, Reihungen und Kombinationen dienten nicht nur der Anordnung benannter Elemente, sondern sie etablierten genauso Wertordnungen. Während es sich bei den *ashrama* wahrscheinlich zunächst um vier legitime Alternativen der Lebensführung gehandelt hat, wurde daraus später das Konzept einer Stufenabfolge entwickelt.[2] In Verbindung mit den vier *varna* wurde ein detaillierter Moralkodex geschaffen – die Lehre vom *varnashramadharma.* Insgesamt wurden soziale Teilgruppen nicht nur organisch miteinander verbunden, sondern auch hierarchisch angeordnet durch eine Logik des Ausschließens (ähnlich Leach 1967, S. 10 f.): Man ist entweder Hindu oder Nicht-Hindu, wobei auch diese ungleich bewertet werden. Hindus gehören entweder zu einer *varna* oder sie sind *avarna* (die Dalit). Die drei oberen *varna* gelten als *dvija* (»zweimal geboren«,

---

[1]Axel Michaels sieht als charakteristisches Merkmal indischen Denkens einen »identifikatorischen Habitus« wirken. »Identifikatorisch« meint dabei weniger ein Identifizieren als vielmehr ein Gleichsetzen trotz Unterschieden, etwas als Teil eines Ganzen sehen oder Verschiedenes per Analogieschluss in Verbindung bringen (siehe die Liste der Verfahren bei Michaels 1998, S. 367).

[2]Olivelle 1993, S. 30 f., 216 f.; bereits Fick 1897, S. 127.

sprich initiiert), die Shudra nicht. Innerhalb der *dvija* wird differenziert in rein (die Brahmanen) und unrein (die Kshatriya und Vaishya) und diese Differenzierung nach der Reinheit gilt auch von oben nach unten in dieser Ständeordnung.

Im Zusammenhang mit der britischen Kolonialverwaltung wurden mit fremden Worten Begriffe gebildet, die durchaus eine eigene Wirklichkeit erschaffen und die mit der autochthonen Sichtweise nicht übereinstimmen: Hindu, Hinduismus (s. King 1999, S. 96 ff.), Indien, Religion, Kaste. Der hier vorwiegend interessierende, letzte Begriff war besonders fatal, weil unter ihn zwei Phänomene subsumiert wurden, die mit eigenen Worten bezeichnet werden: *jati* und *varna*. Bevor auf sie näher eingegangen wird, ist vielleicht noch folgender Hinweis angebracht: Wie überall auf der Welt ist auch in Indien die Familie die Grundeinheit des sozialen Lebens, oft erweitert zur Patrilineage (Shah 1998). Erst danach kommt die *jati,* die aus mehreren Lineages zusammengesetzt ist. Es ist also bei aller Rede von der »Kastengesellschaft« stets zu bedenken, dass die familiäre Sozialisation am Anfang steht. Wie mit Bourdieu argumentiert werden wird, ist die soziale Position der Familie entscheidend dafür, welche Art von Erfahrungen das Kind macht und dem entsprechend seinen Habitus ausbildet.

Im Spanischen und Portugiesischen benennt *casta* bei Tieren die Art oder Rasse und bei Menschen die Lineage oder den Klan (Pitt-Rivers 1971, S. 234; Dumont 1976, S. 39). Aufgrund des religiös motivierten Proto-Rassismus mit seiner Obsession für die Blutreinheit (vor allem der Adligen), der sich auf der iberischen Halbinsel im Zuge der *Reconquista* entwickelt hatte, schien dieser Begriff den Portugiesen im 16. Jahrhundert auf das herausstechende Merkmal der indischen Gesellschaft zu passen: Eine Vielzahl von Teilgruppen, die peinlich genau darauf achteten, sich voneinander abgetrennt zu halten und die noch dazu ungleich bewertet wurden. All dies kam deutlich in einer Ritualisierung des Verhaltens zum Ausdruck, für die religiöse Begründungen angegeben wurden. Das Wort *casta* bezeichnet also einerseits Gruppen mit reiner Abstammungslinie, die durch das Prinzip der Endogamie konstituiert werden, andererseits das hierarchische Arrangement verschiedener solcher Gruppen zu einem Ganzen. Damit umfasst es ungefähr die beiden indischen Ausdrücke *jati* und *varna,* die Teile der Gesamtbevölkerung bezeichnen, mit deren Hilfe die Gesellschaft vertikal und horizontal zugleich gegliedert wird. Allerdings treten nur die *jati* im sozialen Leben als Gruppen auf, während die *varna* eher Stände/Statusränge sind.

Varna bedeutet eigentlich »Farbe«. Das hat aber keinen Bezug zur Hautfarbe, wie man unter dem Einfluss des europäischen Rassismus lange gemeint hat (Ketkar 1909, S. 82; aber noch Ghurye 1957). Das würde auch nur auf den Gegensatz von hell/weiß und dunkel/schwarz passen, nicht auf die dazwischenliegenden Farben Rot und Gelb (s. a. Sharma 1975, S. 295). Ein weiteres Indiz ist, dass diese Farben zum Beispiel auch den Zeitaltern zugerechnet werden (Michaels 1998, S. 331). Diese Farbsymbolik war weit verbreitet, weshalb sie auch der Lehre von den vier Säften in der antiken Medizin zugrunde liegt. Daneben findet sich eine Einteilung der Gesellschaft in vier Stände auch im alten Persien (Boyce 1987), wo es keine dunkelhäutige Bevölkerung gegeben hat. Wie Brian Smith hervorhebt, tauchte im Rahmen kosmologischer Spekulationen wohl zunächst der Gedanke auf, es gebe drei besondere Kräfte *(brahman, kshatra, vish),* die dann Teilen der Bevölkerung zugeordnet wurden, wie es zuerst mit *brahman* und den immer wichtiger werdenden Priestern/Brahmanen gedacht wurde (Smith 1994, S. 67). Erst später traten als vierte Kategorie die Shudra hinzu. Wenn im spät entstandenen zehnten Buch des Rig Veda erzählt wird, wie die vier Bevölkerungsteile aus den Körperteilen des Urriesen hervorgegangen sind (RV 10, 90, 12), dann wird in erster Linie ein *organizistisches Modell* der Gesellschaft gezeichnet, weniger eine Ständehierarchie propagiert. Wann und wie sich diese ausgebildet hat, ist Gegenstand einer umfangreichen Debatte, auf die hier kaum eingegangen werden kann (wichtige Hinweise geben Thapar 1984, 1997; Klass 1993; Bayly 1999; Bandyopadhyaya 2007).

Den Priestern gelang es, kulturelle Werte und Traditionen so zu formen, dass trotz der Wechselfälle der Geschichte eine extrem ungleiche Sozialstruktur erhalten blieb, die den Priestern eine privilegierte Position einräumte.

So wie im Falle der Vererbung von Reichtum lässt sich auch der Anspruch auf ein Erbamt dann besonders erfolgreich verteidigen, wenn man strikte Heiratsgebote beachtet und so die Abstammungslinie nachprüfbar, sprich »rein« hält. Sobald eine Gruppe auf Endogamie besteht, zwingt man andere dazu, diese auch zu beachten (Ambedkar 1917, S. 24, 28). Sie war zudem ein Mittel, die eigene Identität aufrecht zu erhalten in Zeiten, in denen eine große Zahl Unterworfener aufgenommen werden musste, aus denen wahrscheinlich die Shudra gebildet wurden. Allerdings bezeichnen die *varna* einen Geburtsstatus, während Verwandtschaft und Abstammung in den kleineren Einheiten von Klan und *jati* geregelt werden (Michaels 1998, S. 187).

Obwohl ab 500 v. 0 verschiedene *asketische Reformer* aufgetreten sind, konnten die Brahmanen deren Kritik entmachten, indem sie mit der Zeit etliche Ideen ihrer Konkurrenten übernahmen – die bis dahin esoterische Karmalehre (dazu Halbfass 2000), das Ideal des interesselosen Handelns, den Vegetarismus – und so den klassischen Hinduismus kreierten (200 v. – 200 n. 0).[3] Der Status per Geburt[4] kann nun als ein Reinheitsstatus gesehen werden, der sich in Abhängigkeit vom angesammelten *karma* für die neue Existenz ergeben hat. Der Status beruht auf angeblicher moralischer Perfektion, sprich Reinhaltung und Reinigung von negativen Einflüssen. Alles Streben sollte darauf ausgerichtet sein, diesen Grad der Reinigung zu erhalten oder noch zu erhöhen[5], um dem Ziel der Erlösung *(moksha)* aus dem Kreislauf der Wiedergeburt *(samsara)* näher zu kommen. Die Hindu-Religionen fordern keinen radikalen Bruch, wie der Asketismus, sondern ein ständiges Bemühen in der Abfolge der verschiedenen Lebensstadien und sie ermöglichen es, mehrere Anläufe zu nehmen, bis man Erlösung erreicht. Zudem konnte nun auf der Basis allein des *rituellen* Status eine Statushierarchie von oben nach unten propagiert werden:

▶ ***Brahmanen***
   Kshatriya
   Vaishya
   Shudra

An unterster Stelle standen bald jene Berufsgruppen, die erst 1908 unter dem Terminus »Unberührbare« zusammengefasst wurden (Das 2001, S. 1531; s. a. Charsley 1996). Heute nennen sie sich meist Dalit – die Zerbrochenen, die Niedergetretenen, was ihre bitteren Erfahrungen zum Ausdruck bringt. Obwohl sie als *avarna* gelten, sind sie doch nicht kastenlos! Die Dalit sind ebenfalls in *jati* differenziert, die außerdem meist in einer Rangordnung stehen. Ein Konzept von Unberührbarkeit entstand wohl erst im 2. Jahrhundert n. 0 (Jha 1975).

Der Anspruch auf eine bestimmte Position in der Statusordnung war aber immer umstritten, da neben dem rituellen Aspekt auch ökonomische oder politische

---

[3]Selbst wenn im *Manavadharmashastra* mit Bezug auf das Sozialleben nur die Idealvorstellungen skizziert sein sollten, hatte es doch immensen Einfluss, weil man sich darauf stets zur Rechtfertigung stützen konnte. So schreibt Ziegenbalg 1714 über die Brahmanen: »In allen Stücken berufen sie sich auf das Gesetz, welches sie doch niemanden von andern sehen oder lesen lassen« (1998, S. 68, Fn c).

[4]Die von den Buddhisten angestoßene Diskussion, ob man wirklich von Geburt her Brahmane ist, oder auf Grund ethischer Perfektion, wurde in verschiedenen philosophischen Argumentationen stets zu Gunsten der Geburt beantwortet (Halbfass 1975, S. 13, 23, 27, 30 f., 35 f.).

[5]»Rein« ist also keine Zustandsbeschreibung, sondern eine dynamische Kategorie (s. Olivelle 1998, S. 196, 209 f.).

Gesichtspunkte in Anschlag gebracht werden konnten.[6] Sobald zum Beispiel nicht alle Brahmanen gleich hoch angesehen werden (s. Quigley 1999, S. 54), können reiche Shudra auf den Priester, der für sie gegen Bezahlung Rituale durchführt, herabsehen. Brahmanen werden als Geburtsstand geachtet, nicht als Berufsgruppe (Marriott 1969, S. 1171). Der *soziale* Status einer Person ergibt sich immer aus dem spezifischen Mischungsverhältnis von rituellem Status, ökonomischer und politischer Macht. Abgesehen von einer einfachen Einteilung in Tätigkeiten mit hohem und niedrigem Ansehen, konnte sich die von den Brahmanen propagierte Ständeordnung wohl nie vollständig und unangefochten durchsetzen. Das zeigt sich auch bei aktuellen Studien vor Ort (Béteille 1975; Sahay 2004) oder in den mythischen Erklärungen für den niedrigen Status einzelner Dalitgruppen (Deliège 1993).

Die Besonderheit in Indien besteht darin, dass man zu den *varna* und *jati* per Geburt gehört und dass in beiden Fällen die klare Trennung nicht nur durch Heiratsgebote und -verbote, sondern auch rituelle Reinheitsvorstellungen (genauer: Reinhaltung und Reinigung) aufrechterhalten wird. Letztlich wird durch die Vorstellung des Hineingeborenseins ein komplexes Arrangement religiöser Wertsetzungen und ökonomischer Fakten *naturalisiert*.[7] Es wird zudem kein Widerspruch mehr gesehen zwischen der von Menschen geschaffenen sozialen Ordnung und der kosmischen Weltordnung, weshalb beide als Wirksphären von *dharma*, dem moralischen Gesetz bezeichnet werden, verbunden durch die Religion.

»Eine *jati* ist eine endogame und durch vererbbare Mitgliedschaft bestimmte soziale Gruppierung, die einen eigenen Namen trägt und durch eine Kombination von Zuschreibungen gekennzeichnet ist. Von allen einer *jati* Angehörenden wird erwartet, sich den Eigenschaften ihrer Kaste gemäß zu verhalten, und jeder, der zu einer Kaste gehört, teilt ihren Status in der sozialen Hierarchie eines Dorfes in Indien« (Mandelbaum 1970, S. 14 f.; Ü: GS). Unter diese Definition fallen allerdings sowohl die Lineage, der Klan und die mehrere Lineages und Klane umfassende Kaste im eigentlichen Sinn. Partha Chatterjee hat folgerichtig bemerkt, dass der Einsatz des gleichen Wortes *(jati)* zur Bezeichnung kleinster bis größter sozialer Einheiten auf *multiple Identitäten* hindeutet (1996, S. 282 f.) und damit dem Bestreben zuwiderläuft, Zugehörigkeit *ein*deutig zu bestimmen.

---

[6]In buddhistischen Quellen werden oft die Kshatriya als erstes genannt und ökonomisch bedeutsame Bevölkerungsteile mit eigenständigen Bezeichnungen belegt, während von Vaishya und Shudra in diesen Zusammenhängen keine Rede ist (Chakravarti 2006, S. 61 f., 69 Fn 449; s. bereits Fick 1897, S. 55 f., 163 ff.).

[7]Das gelingt, weil der menschliche Körper im Mittelpunkt steht (Olivelle 1998, S. 211).

Dennoch bleibt festzuhalten: Die *jati* sind die sozial relevanten Gruppen, nicht die *varna*. Sie dienen allerhöchstens dazu, die *jati* grob in eine Rangordnung einzusortieren – auch bei gegenläufigem Wissen um die Komplexität des Ganzen, hervorgerufen durch den fortlaufenden Disput um die Zuordnung (Mandelbaum 1970, S. 23 ff.). Das Ständesystem der *varna* ist also eine brauchbare Vereinfachung, die als »Spontansoziologie« eingesetzt werden kann, mit der sich die Menschen ihre eigene Gesellschaft erklären.[8]

Die *jati* umfassen kulturelle Elemente (religiöse Rituale, Kleidung) und soziale Vorschriften (Endogamie, Kommensalität, Brunnennutzung), haben eine ökonomische Dimension (Beruf) und stellen juristische und politische Gebilde dar (Kastenrat – *panchayat*; s. Ghurye 1957, S. 1 ff.). Ein Gewinn der Einteilung der Gesellschaft in *jati* liegt in der Standardisierung von sozialen Kontakten und Beziehungen (der Art, Häufigkeit, Nähe und Distanz nach), wodurch vieles »geregelt« wird. Alle diese Verhaltensstandardisierungen zusammen ergeben ein komplexes Ganzes. Aufgrund dieser Komplexität der Beziehungen zwischen einem *multi-jati-village* und einer *multi-village-jati* (Mandelbaum 1970, S. 327) muss das Beziehungsnetz aber eine gewisse Flexibilität haben. Es gibt nicht eigentlich ein Kasten*system*, außer in der brahmanischen Ideologie, sondern vielmehr ein Bündel von Ideen und Praktiken, das lokal und regional unterschiedlich ist. Die *jati,* aber insbesondere die *varna,* sind eher »Bestandteile einer Taxonomie als Korporationen, eher zugesprochene Kategorien als Einheiten der Interaktion« (Mandelbaum 1970, S. 22). Es kann somit eine Differenz zwischen den Idealtypen und den realen Praktiken bestehen (s. Pohlman 1951). Dietmar Rothermund erkennt daher, dass das »Kastensystem« auf eine »normative Klassifikation« gründet (2008, S. 204).

Da auch die indische Gesellschaft selbstverständlich einem historischen Wandel unterlag, ergab sich im Lauf der Zeit eine komplizierte Sozialstruktur mit ihren regionalen Ausformungen. Die soziale Ordnung war also in der Alltagswirklichkeit sehr vielfältig und keineswegs einheitlich, wie man bei einem Blick in einige wenige Schriften fälschlicherweise meinen konnte. Die frühe Indologie und die britische Kolonialherrschaft haben sich zunächst vorwiegend auf die brahmanischen Texte gestützt und kaum auf ethnografische Untersuchungen. Durch die Volkszählungen seit 1871 wurde sogar eine bestimmte Sichtweise der indischen Gesellschaft vereinheitlicht und durchgesetzt. Die später festgelegten

---

[8] »They use it as a handy gross classification of others in their society, making much finer classifications for those within their own social groups« (Mandelbaum 1970, S. 13). Siehe Richard Fox (1969, S. 31) über die regionalen Ausprägungen des Klassifikationssystems.

Quoten für genau bestimmte Teilgruppen hatten den fatalen Nebeneffekt, ein sogenanntes Kastensystem *weltlich* zu legitimieren und in seiner Veränderung stillzustellen.[9] So hat sich besonders nach der Unabhängigkeit Indiens 1947 »ein *sakrales* Ordnungssystem mit ausgeprägt *lokalem* Bezug und *außerweltlichen* Zielen in die Basis *politischen* Handelns mit *weltlichen* Zielen auf regionaler oder *nationaler* Ebene« verwandelt (Saalmann und Rehbein 2008, S. 66; vgl. Dumont 1976, S. 266; 283, Fn 8). In einigen Aspekten der Gesellschaft sind seither größere Veränderungen zu sehen, während sich mit Bezug auf andere eher wenig getan hat. Laut Verfassung gleichberechtigt und *per* Quote sogar bevorzugt (Scheduled Castes and Tribes, Other Backward Classes), hat sich doch der soziale Status für die niederen Stände und die Dalit oder die Adivasi meist kaum geändert (Heredia 2012; Xaxa 2001).

Auch wenn man also nicht mehr vom »*caste system*« sprechen, sondern lieber die »*caste practices*« untersuchen will, bleibt die starke Beharrungskraft des Sozialen zu erklären. Warum führen die permanenten Interaktionen unter modernisierten Bedingungen nicht zu einer noch stärkeren Umgestaltung?

Dumont hat darauf 1966 die Antwort gegeben, im indischen Sozialsystem sei schon ein Platz vorhanden gewesen, sowohl für die Abtrennung einzelner Sphären wie Wirtschaft und Politik – durch die Trennung von Status und Macht, aber auch für den Individualismus – mit der Figur des weltentsagenden Asketen (1976, S. 278; s. a. Dumont 1975, S. 163, 167). Daher ein Blick zurück auf Dumonts Analyse des Menschen in der indischen Gesellschaft.

Ausgangspunkt seiner Überlegungen ist für Dumont der starke Gegensatz zwischen egalitären und hierarchischen Vorstellungen, die zu einer individualistischen Gesellschaft in Europa und einer holistischen in Indien geführt haben. Wie Nur Yalman allerdings bemerkt, ist eine egalitäre Ordnung nicht automatisch auch individualistisch. Nordamerika zu Zeiten de Toquevilles, auf den sich Dumont bezieht, steht im Kontrast mit dem wenig individualistischen Lateinamerika (Yalman 1969, S. 125). Man müsste auch unterscheiden zwischen den Idealen juristischer und politischer Egalität und der sozialen Realität. Da Dumont vor allem die Ideologie im Sinne der Weltanschauung herausarbeiten will, treten die konkreten Verhältnisse etwas in den Hintergrund und erscheinen, wie oft bei strukturalistischen Analysen, als bloße Abweichungen. Das Urteil von Gerald Berreman, Dumonts Beschreibungen seien »nicht falsch, aber unzureichend« (1971, S. 515) trifft daher zu.

---

[9]»To be untouchable or not has always been a relative matter, depending upon the context, the people and easily transformable: now it has been fixed by the Scheduled Caste category« (Deliège 2014, S. 147).

Dumont übernimmt Célestine Bouglés (1870–1940) Beschreibung der indischen Gesellschaft als gebildet aus beständigen Teilgruppen, die nicht nur spezialisiert und separiert sind, sondern noch dazu hierarchisiert werden. All dies wird akzeptiert, weil es religiös begründet werden kann mit dem Gegensatz von rein und unrein (Dumont 1976, S. 39, 62, 298). In Anlehnung an den Strukturalismus arbeitet Dumont weitere Gegensatzpaare heraus und er verbindet dies mit dem Systemgedanken und den Beziehungen der Teile untereinander und der Teile zum Ganzen.[10] Seine These ist, dass sich in Indien eine besondere Form der hierarchischen Beziehung findet. Dabei handelt es sich nicht um eine bloße Übereinanderordnung, sondern um ein Umfassen des Nachgeordneten durch das Höherstehende (1967, S. 33). Die Brahmanen, die *de facto* weniger politische und ökonomische Macht hatten als die Kshatriya, konnten nur deshalb höher stehen, weil die religiöse Sphäre alle anderen umfasst (s. a. Nachwort zu 1976, S. 392). Damit ist die indische Gesellschaft »hierarchisch« im ursprünglichen Wortsinne und nicht einfach nur stratifiziert.[11]

Dumont hat in seiner Studie versucht, möglichst viele Ergebnisse der sozialwissenschaftlichen Diskussion um die Kasten zu berücksichtigen und auszuwerten. Trotzdem war ein Hauptkritikpunkt vor allem indischer Wissenschaftler, dass er sich zu sehr auf die Texte der Brahmanen gestützt habe. Stattdessen solle man weg von den Texten – und erst recht ihrer kolonialen Aneignung – gehen und die lokalen Arrangements *in praxi* erforschen.[12] Genau dies ist auch der Anspruch von Bourdieu. Er untersucht die Alltagspraxis und will ihre Entstehung erklären. Dabei betont er vorbewusst wirkende, in der Sozialisation und Enkulturation erworbene Strukturen und Schemata, weniger bewusstes und planvolles Handeln. Im Gegensatz zu Dumonts »cartesianischer Anthropologie« (Lynch 1977, S. 252) also entwirft Bourdieu eine post-rationalistische, relationale Soziologie.

Wenn man die These vertreten will, dass mit Bourdieu die indische Gesellschaft und ihre Veränderung angemessen zu beschreiben ist, dann müssen folgende Kritikpunkte aus der Diskussion um Dumont adressiert werden (dazu auch Kolenda 2006):

---

[10]Die Logik der Argumentation hat Owen Lynch (1977, S. 240 f.) deutlich herausgearbeitet.

[11]McKim Marriott und Ronald Inden sehen Dumont hier allerdings fehlgeleitet durch die christliche Hierarchie von heilig und profan (1977, S. 231).

[12]»Dumont's structuralist reading privileges an ossified grammar of caste ideology over its individual, contextual enunciations« (Menon 2006, S. XI).

1. Dumont stellt die rituell-religiöse Einkleidung der diskriminierenden Beziehungen zwischen den sozialen Gruppen in den Mittelpunkt. Damit beschreibt er ein idealisiertes System und wird dem permanenten Streit um die Gewichtung einzelner Ordnungsfaktoren und um die Anordnung der sozialen Elemente kaum gerecht. Besonders Declan Quigley hat argumentiert, dass man das lokale und momentane Zusammenspiel der Kräfte analysieren müsse. Die Realität des Sozialen besteht aus den Beziehungen zwischen Angehörigen verschiedener *jati* und ihren spezifischen Aufgaben (Quigley 1999).

2. Wenn man – wie auch Dumont – sieht, dass etwas zwar allgemein verbreitet ist, aber stets in lokal spezifischen Formen vorliegt, reicht es nicht aus, die ideologische Struktur herauszuarbeiten. Vielmehr muss erklärt werden, warum und wie sie in welche Formen umgesetzt worden ist. Sonst bleibt man bei einer Form des Objektivismus, der »auf der Illusion beruht, in die Köpfe der Akteure die Gedanken hinein zu verlegen, die der Wissenschaftler über sie ausarbeitet« (Bourdieu 1991, S. 250).

3. Da Dumont den Abschluss von Gruppen durch die Endogamie und den Ausschluss anderer durch strikte Regeln der Interaktion (z. B. Kommensalität) in den Mittelpunkt stellt, kann er nur schlecht die fortdauernde Aufnahme neuer Bevölkerungsgruppen in das System erklären.

4. Dumont unterscheidet zwar Lineages, Klane und Kasten, vernachlässigt aber eine genauere Untersuchung ihres Zusammenhangs, vor allem, wenn es um die komplizierte Verflechtung von Vorschriften für die Endogamie und Exogamie geht. *Wie* strikt werden denn *welche* Vorschriften wirklich angewandt?

5. Das Zusammenspiel von endogamen Heiratsgemeinschaften *(jati)* und exogamen Abstammungsgemeinschaften – den Klanen *(gotra)* – gewährleistet die *soziale und kulturelle Reproduktion.* Wie hängt diese mit der *ökonomischen Produktion* und der sozialen Organisation zusammen? Dumont hebt mehrfach die Trennung von Macht und Status als grundlegendes Charakteristikum der indischen Gesellschaft hervor. Er hat zweifellos Recht, dass *im Prinzip* ein solches Auseinanderfallen möglich ist (1976, S. 254), müsste aber viel genauer beschreiben können, wie die Realität aussieht. Statusungleichheit und ökonomische Ungleichheit sind oft nicht zu trennen und beide ziehen Machtungleichheit nach sich. Zumindest also sind die Kategorien Status und Macht differenzierter zu unterteilen, um den verschiedenen Färbungen (religiös, sozial, kulturell, politisch) gerecht werden zu können. Kulturelle und ökonomische Erklärungen für die Entstehung und das Funktionieren der indischen Gesellschaftsstruktur sollten nicht einander entgegengestellt werden, sondern zusammengeführt. Auch wenn man sich zu Recht von einer idealistischen oder materialistischen Dialektik verabschiedet hat, kann man die dialektische

Wechselwirkung von geistigen und materiellen Elementen in jeder Kultur beschreiben. Die Dynamik kommt erst bei der Umsetzung von Schemata in die Praxis zustande, wenn also Interessen verfolgt und Macht ausgeübt wird. Wichtig ist daher, das Kräftespiel zu analysieren.

6. Der starke Akzent auf ideologischen Aspekten zur Erklärung auch der Akzeptanz des Systems vernachlässigt die Rolle körperlicher Gewalt bei der Aufrechterhaltung diskriminierender Ungleichheit (Menon 2006). Sie wird von Dumont nur beiläufig erwähnt (1976, S. 105). Heute wird oft etwas beschönigend von *»caste atrocities«* gesprochen, wenn Dalit geschlagen oder Dalit-Frauen vergewaltigt werden (Teltumbde 2010).

7. Die Betonung kultureller Hegemonie vor der ökonomischen Ausbeutung führt Dumont dahin, die Angemessenheit des Klassenbegriffs für Indien zu bezweifeln. Heute zumindest ist sehr oft von der Mittelklasse die Rede (Varma 1998). In der Tat sollte man den *marxistischen* Begriff der Klasse nicht mehr verwenden, auch wenn viele Sozialwissenschaftler in Indien an ihm festhalten (wie Mukherjee 1999). Er trifft nur auf einen kurzzeitig bestehenden historischen Sonderfall der Produktionsverhältnisse zu und zudem liegt eine Besonderheit darin, dass Marx von außen und in kritischer Absicht ein Klassifikationssystem eingeführt hat. In der Regel setzen herrschende Eliten ein Klassifikationssystem ein und durch. Genau dies kann mit Bourdieus Begriff der »symbolischen Gewalt« erklärt werden.

8. Mit seiner Opposition des *homo hierarchicus* zum *homo aequalis* steht Dumont in einer eurozentrischen Tradition der totalen Entgegensetzung des eigenen zum anderen (Fabian 1983). Das Außereuropäische, hier also Indische, erscheint dann als nicht aufgeklärt, sondern abergläubisch, undemokratisch, also despotisch, nicht individualistisch, vielmehr hierarchisch. In der heutigen post-kolonialen Zeit und unter den globalisierten Bedingungen wären erst recht Gemeinsamkeiten und Unterschiede in einem Model zusammen zu erfassen. Wie später zu sehen sein wird, leistet Bourdieus Theorie der Praxis das.

Ein Blick zurück auf Bouglé macht deutlich, wie und warum das indische Sozialsystem funktioniert. Betrachtet man die von ihm genannten drei Kennzeichen berufliche Spezialisierung, hierarchische Ordnung und reziproke Repulsion (Bouglé 1958, S. 29), dann wird deutlich, dass sie vorteilhafte Konsequenzen haben. Durch ererbte Monopole, angeborene Privilegien und permanent reproduzierte kleine Einheiten gewinnen viele etwas, wenn auch in unterschiedlicher Qualität und Quantität. Gleichzeitig bedingt Spezialisierung Abhängigkeit, ermöglicht Hierarchie Patronage und erleichtert Segregation Dominanz. Wenn man dann noch sieht, dass die drei Mechanismen sowohl auf der Makroebene der *varna,* als auch auf der Mikroebene der *jati* wirken, kann man die außerordentliche Stabilität dieser Sozialordnung verstehen. Auch in Benjamin Lindts Modell sind Arbeitsteilung, Aufteilung in endogame soziale Einheiten und deren kompliziert begründete, hierarchische Anordnung die zentralen Elemente (2013, S. 90). Während Dumont als Begründung für die drei Elemente die Unterscheidung von rein und unrein angibt, geht Lindt davon aus, dass Arbeitsteilung sich ab einer bestimmten Siedlungsgröße notwendig ergibt. Da zudem einzelne Tätigkeiten unterschiedliches Prestige besitzen können, lässt sich auch hiermit eine soziale Stratifikation erklären (S. 91 f.). Gleichzeitig bewirkt die Endogamie eine feinere Aufteilung in selbstständige Teilgruppen (S. 99). Dabei regelt Endogamie nicht nur die Zugehörigkeit *per* Geburt (und nicht etwa durch Beitritt), sondern schützt auch vor einem Verlust der Spezifika durch Vermischung.

Die Brahmanen als Herren über das Ritual tragen entscheidend zum »*Karma*management« bei. Der Raja und die Kshatriya als Territorialherren kontrollieren den Raum, während der Sannyasin durch seine zur Erlösung führende Selbstbeherrschung gleichsam über die Zeit gebietet (inspiriert durch Das 2012, S. 19 ff.). Dem gegenüber, aber auch untergeordnet, stehen die wirtschaftlichen Tätigkeiten der anderen *varna* und erst recht der Dalit. Neben den Statusbeziehungen spielen die vertraglich geregelten Austauschbeziehungen (Mandelbaum 1970, S. 160) eine große Rolle. Die Dorfwirtschaft beruhte früher auf bargeldlosem Austausch von Dienstleistungen oder handwerklichen Produkten gegen Nahrungsmittel oder das Recht, ein Stück Land zu bebauen. Das meiste Land befand sich in den wenigen Händen der dominanten *jati*.[13] Die Arbeitsteilung, aber auch die Landverteilung wurde in diesem *jajmani*-System nicht dem Markt überantwortet, sondern es gab einen festgelegten Austausch. Die Sicht des Ganzen als eine Art schicksalhafte Interdependenz stützte eine soziale Differenzierung ohne übergreifende Solidargemeinschaft ab. Diese wurde verhindert durch die Angst vor Verunreinigung durch Vorfälle, Taten oder Dinge, die soziale Grenzziehungen gefährden. Die Idee der Unreinheit, die verunreinigen kann, beruht in Indien auf magischen Vorstellungen, denn es geht nicht um den oberflächlichen Aspekt der Verschmutzung oder den medizinischen der Vergiftung oder Infektion. Das zeigt sich deutlich darin, dass Kuhdung und Kuhurin als rein und reinigend gelten.

---

[13]Das ist selbst heute noch so, was nach Einführung des Geldverkehrs in vielen Fällen zur Schuldknechtschaft geführt hat. Wucherzinsen treiben auch immer wieder Bauern in den Ruin oder gar Selbstmord, wenn die versprochenen Erträge der neuen Hybridsorten ausbleiben, weil sie schlicht nicht standortgerecht sind.

Bleibt also festzuhalten: Eine größere Anzahl von Menschen organisiert ihre soziale Zusammengehörigkeit, indem sie neben Ideen und Vorstellungen vor allem wichtige Aspekte der Alltagspraxis regelt. Das so Geregelte ist jedoch nicht völlig fix. Sobald sich in einer der Dimensionen des Lebens etwas ändert, wird um die Regelungen gestritten und ändert sich eventuell der Kreis der Zugehörigen. Insgesamt kann so bei geringer räumlicher Distanz eine hohe soziale Distanz aufrechterhalten werden. Der notwendige Respekt und die erlaubte Verachtung sind gegenläufig arrangiert, sodass in den allermeisten Situationen alle zufrieden sind. Selbst die Dalit haben mit den Adivasi, den Muslimen und anderen Fremdreligiösen noch jemanden, auf den sie in gewisser Weise herabblicken können.

Hierarchie und Segregation lassen sich mit der Unterscheidung von rein und unrein erklären, die Interdependenz kaum. Weil Dumont so viel Mühe verwendet auf die »Formulierung des ideologischen Prinzips des Systems« (1976, S. 53, 56 f.), kann er den materiellen Aspekten nur wenig gerecht werden. Aber die strukturalistische Fixierung auf Formprinzipien auf Kosten der Inhalte bedingt zudem, dass selbst die ideologische Grundlage unterbeleuchtet bleibt. Die Konzentration auf den schematischen Gegensatz von hierarchisierter Totalität und einer bloßen Ansammlung von Individuen (Anhang A 1960 in 1976, S. 299 ff.) wird dem individuellen Streben nach Erlösung nicht gerecht (obwohl Dumont auch dies im Anhang B 1959 in 1976, S. 309 ff. thematisiert). Die Teilgruppen der Gesamtbevölkerung werden so konstituiert und miteinander in Beziehung gesetzt, dass nicht nur eine überdauernde Gesamtgesellschaft entsteht, sondern gleichzeitig noch spezifische religiöse Ziele erreicht werden können.[14] Die Verunreinigung und Verstrickung der Individualseele soll vermieden werden, damit sie wieder in der Allseele aufgehen kann – und darauf können sich die meisten Gläubigen einigen, auch wenn sie völlig verschiedene Wege dahin gehen wollen. Denn die Vorstellung aus der Vedanta-Philosophie einer dreistufigen Annäherung an das höchste Göttliche *(brahman)* über die Hauptgötter Shiva und Vishnu (sowie Shakti[15]) und beginnend bei der unendlichen Vielzahl lokaler Götter und Dämonen, ist weit

---

[14]McKim Marriott und Ronald Inden sprechen pointiert von einer »caste division of labour in work and worship« (1974, S. 987).

[15]Bezeichnung für die besondere Kraft der Göttinnen. Wie Susan Wadley betont, darüber hinaus aber ganz allgemein die spirituelle Kraft und damit eine Grundvorstellung der indischen Religionen: »*Shakti* is a result of morality or right action which is transformed into an embodied *shakti*, which results in a transformed physical state (bodily substance)« (1977, S. 139).

verbreitet.[16] Die meditative Erfahrung und Erkenntnis der Identität von Einzelseele *(atman)* und Allseele *(brahman)* ist gleichwertig mit der regelgeleiteten Opferpraxis zur Aufrechterhaltung des Weltlaufs oder der völligen Hingabe *(bhakti)* an einen Gott (ähnl. Brown 1970, S. 32 ff., 41 f., 52 ff.). Bei all dem ist korrektes Handeln (Orthopraxie) wichtiger als bestimmte Lehren (Orthodoxie). Dem individuellen Heilsziel der Erlösung aus dem Kreislauf der Wiedergeburten durch ein Kontrollieren des persönlichen Involviertseins in die alltäglichen Angelegenheiten entspricht eine *Entpersönlichung.* Diese ursprünglich aus dem asketischen Reformismus stammende Idee ist mit der *Bhagavad Gita* ein wichtiger Teil des »Hinduismus« geworden.

> ▶ 18, 49: Wer nirgends anhaftet mit dem Verstand,
> sich selbst besiegt hat und ohne Begehren ist,
> zur höchsten Vollendung der Tatenlosigkeit
> durch Entsagung gelangt er.

Die Entpersönlichung *zeigt* sich in allen zentralen Teilen des Soziallebens (wobei über *kausale* Zusammenhänge mit religiösen Vorstellungen nichts gesagt sein soll):

- »In der großen Familie löst sich das Individuum auf wie ein Tropfen im Wasserglas und mit ihm das Bedürfnis, ja die bloße Idee des Privatseins« (Ross 1991, S. 103).
- Eine Heirat findet zwischen Familien bzw. Lineages statt, nicht zwischen Individuen.
- Der Beruf entspricht eher selten persönlichen Neigungen, sondern ist vorgegeben.
- Jeder tritt meist als Repräsentant einer Gemeinschaft auf, kaum als Individuum.
- Interaktionen folgen Mustern, weniger individuellen Stimmungen oder Motiven.
- Handeln soll nicht impulsiv sein, sondern geleitet vom Ziel, Verunreinigendes zu vermeiden.
- Es werden die Ideale von Dienst und Gehorsam hochgehalten, anstelle des eigenen Willens.
- Dharma prägt das Ritual wie das Leben.
- Der soziale Status hängt wesentlich vom rituellen Status ab, weniger von eigenen Leistungen.

---

[16]Sie findet sich besonders bei einflussreichen Intellektuellen (s. Saalmann und Rehbein 2008, S. 62–65).

- Der ganze Lebenslauf ist als Ideal vorgegeben. Die individuelle Gestaltung bezieht sich eher auf die nächste Geburt.
- Höchstes Ziel ist die endgültige Auflösung des Individuellen.
  (Ähnlich gesehen von Milner 1994, S. 205 und Michaels 1998, S. 357 ff.)

Contra Dumont macht der Anti-Individualismus also nicht so sehr als politische Lehre Sinn – *homo hierarchicus* – sondern eher als religiös-philosophische Haltung. Auch wenn beispielsweise die meisten Dorfbewohner dies so nicht verbalisieren könnten (schließlich liest kaum einer die Gita – selbst Gandhi lernte sie erst in England kennen!), leben sie doch danach. Wie lässt sich ein solches »ent-individualisiertes« Handeln theoretisch beschreiben? Wie zu sehen sein wird, kann Bourdieu eine Antwort auf diese Frage geben.

Abschließend eine Darstellung im Überblick, die sich ergibt, wenn man einige Punkte zusammenfasst, die zwar Dumont schon gesehen hatte, die aber später in der Diskussion noch sehr viel stärker gemacht worden sind. Das betrifft hauptsächlich die Rolle des Weltentsagenden (des *Sannyasin*) und die feinere Unterscheidung verschiedener Aspekte von Status und Macht (s. a. Sheth 2006; aber schon Mayer 1956). Der *soziale* Status ergibt sich aus mehreren Faktoren: aus dem *rituellen* Status, aber auch ökonomischer Macht und politischer Macht. Es kommt daher auf die spezifische Konstellation von Möglichkeiten und Kräften an, ob *ritueller* Status und Macht voneinander unabhängig sein können (Dumont), ob die Dominanz einer Kaste entscheidend ist (Srinivas), oder ob Dalit durch demokratische Wahlen das Gefüge von *sozialem* Status und politischer Macht erheblich verändern und so den *rituellen* Status abzuwerten drohen. In der Darstellung ist somit jener Teil der Bevölkerung berücksichtigt, der für das Funktionieren der alltäglichen Abläufe schon immer wesentlich war – die Dalit. Man sieht zudem, dass *Sannyasin* und Dalit fast spiegelbildlich aufeinander bezogen sind. Diese Darstellung dient allein dazu, *Tendenzen* zu benennen und auf einen Blick mögliche Unterschiede sehen zu lassen. Sie ist nicht als neuer Versuch der Schematisierung gemeint (Tab. 1.1).

Die Darstellung gibt die Verhältnisse vor 1947 wieder. Nach der Unabhängigkeit Indiens und mit dem Inkrafttreten der Verfassung (incl. der dort festgelegten Quoten) hat sich die politische Macht der Dalit vor allem seit den 1960er Jahren stark erhöht.

Mit symbolischer Macht ist hier, Bourdieu folgend, die Macht gemeint, symbolische Klassifikationen, also Begriffe, Ideen und Werte durchzusetzen.

Angesichts der komplexen Mischung aus Kriterien, von denen die »Reinheit« nur eines darstellt, ist die Frage legitim, ob man den Kastenbegriff auch außerhalb der Hindureligionen und jenseits von Indien anwenden kann. In welchem

Tab. 1.1 Tentative Ordnung sozialer Ränge orthodoxer Hindus

	Sozialer Status	Ritueller Status	Symbolische Macht	Politische Macht	Ökonomische Kontrolle
Sannyasin	Sehr hoch	Sehr hoch	Sehr hoch	Niedrig	Irrelevant
Brahmane	Hoch	Hoch	Sehr hoch	Mittel	Mittel
Kshatriya	Hoch	Mittel	Hoch	Hoch	Hoch
Vaishya	Mittel	Mittel	Niedrig	Mittel	Mittel
Shudra	Niedrig	Niedrig	Niedrig	Mittel	Mittel
Dalit	Sehr niedrig	Sehr niedrig	Sehr niedrig	Niedrig	Sehr niedrig

Sinne haben auch indische Christen und Muslime, sowie Buddhisten auf Sri Lanka Kasten? (Yalman 1969, S. 128 f.; Gunasekera 1994). An seinem »nein« in dieser Frage wird deutlich, dass Dumont sich die Sozialordnung der Hindus zu sehr als etwas Einheitliches und Abgeschlossenes vorstellt. Die Abgrenzungen von Kulturen und Kulturräumen sind jedoch stets unscharf und fließend. »Multiple chains of family resemblances between places blur any single set of cultural boundaries between them« (Appadurai 1988, S. 46).

Manche Autoren sprechen selbst mit Bezug auf die USA oder Japan von Kasten (Berreman 1960, 1967; kritisch dazu Pitt-Rivers 1971, S. 238 ff.). Dem gegenüber stehen Versuche, den Begriff der Klasse auch auf Indien anzuwenden. Das gibt Anlass, kurz über soziale Ungleichheit im Allgemeinen nachzudenken.

Soziale Ungleichheit 2

Eine Gesellschaft wird nicht strukturiert durch ein paar Regeln, die in Büchern stehen. »Preaching did not make the caste system; neither will it unmake it« (Ambedkar 1917, S. 22). Eine Sozialstruktur kommt zustande durch die Praxis des Alltagslebens, das gewisse Regelmäßigkeiten aufweist. Wie bilden sich im alltäglich gelebten Leben Teilgruppen in der Gesellschaft, und wie reproduzieren sie sich und damit die gesamte Sozialstruktur? Wie also vollziehen sich die (Selbst)Zuordnung der Menschen und die Abgrenzung voneinander? Es ist die fortgesetzte Anwendung von Klassifikationen, durch die sich *Klassen im erkenntnistheoretischen wie sozialen Sinn* ergeben (s. a. Leach 1967, S. 6).

Jede symbolische Klassifikation benennt Unterscheidbares. Als elementarer Bestandteil von Wissen wird das in der alltäglichen Praxis wirksam (Bsp. Büsche und Bäume). Aus so einer einfachen handlungswirksamen Ungleichheit qua Unterscheidbarkeit wird eine bedeutsame Ungleichheit, wenn zur klassifikatorischen Benennung eine wertende Qualifizierung hinzukommt, die eine Ungleichbehandlung erlaubt oder erfordert (Wasser nur für Bäume).

Sozial besonders relevant wird Ungleichheit, wenn als ungleich angesehene Teile nicht nur *nebeneinander* angeordnet gedacht werden (Heiratsklassen, Totemklassen, Ethnien), sondern *übereinander* liegend. Entscheidend ist dann, *welches Kriterium wertend* für die Hierarchisierung eingesetzt wird:

die Zahl der Lebensjahre – *Altersklassen,*
primäre Geschlechtsmerkmale – *Geschlechterungleichheit, meist Patriarchat,*
die physische Erscheinung – *Rassen,*
ökonomische Faktoren – *Klassen* im marxistischen Sinne,
religiöse Ideen und moralische Werte – *Stände,*
Praktiken (endogame Heirat, Beruf, Kleidung, Essen) – *Kasten.*

© Springer Fachmedien Wiesbaden GmbH 2017
G. Saalmann, *Soziale Ungleichheit in Indien,* essentials,
DOI 10.1007/978-3-658-17624-2_2

Ein soziales Verhältnis von Ungleichheit wird also hergestellt, indem 1) eine wertende Klassifikation angewandt wird und 2) die Differenz in der Alltagspraxis umgesetzt und reproduziert wird (s. auch Gupta 2000a). Das ungleiche Verhältnis beinhaltet eine Statushierarchie und wirkt sich in den rangniederen Positionen negativ aus. Sie werden systematisch benachteiligt, bzw. die Bemühungen der Niedriggestellten laufen ins Leere. Herrschaft beruht somit immer auf der Implementierung von Klassifikationssystemen, Begriffen und Werten.

Alle Facetten der Alltagspraxis werden klassifiziert und bewertet. Den Lebensstil zu verändern suchen, kann also ein Weg zu höherem Ansehen sein. Das ist besonders deutlich beim Wechsel zum Vegetarismus, gilt aber auch für viele andere Bemühungen, die M. N. Srinivas als Bestrebungen der »Sanskritisierung« bezeichnet hat (Srinivas 2013). Wie Thottamon Unnithan kritisch anmerkt, sollte man präziser von der »Imitation« eines prestigeträchtigen Lebensstils durch Statusniedrigere sprechen (1982, S. 80). Die *Kasten*ordnung verbietet zwar und bestraft oft hart *individuelle* soziale Mobilität, *Gruppen* jedoch können auf- oder absteigen, besonders dann, wenn sich ihre ökonomische oder politische Macht geändert hat (Bsp. Händler). Mit Bezug auf *Klassen* sehen Sozialwissenschaftler das herkömmlicherweise genau umgekehrt, indem *offene* von *geschlossenen* Systemen sozialer Stratifikation unterschieden werden (Béteille 1975, S. 126 f.; Gupta 2000a, S. 32 ff.; gut zusammengefasst bei Liddle und Joshi 1986, S. 70).

Die Diskussion ist zu oft gekennzeichnet von einem polemischen Gegensatz zwischen ökonomisch bestimmten Klassen und kulturell/religiös definierten Kasten. Dabei liegt der entscheidende Unterschied darin, dass *Interdependenz zwischen Ungleichen einmal marktförmig und einmal in einem organizistischen Sozialsystem organisiert* ist. In beiden Fällen spielen selbstverständlich neben den ökonomischen Faktoren auch kulturelle und politische eine Rolle. Das genaue Zusammenspiel muss aber erklärt werden. »Stratifikation« ist nur eine Beschreibung und die Rede von Ungleichheit muss immer präzisiert werden mit dem Hinweis, in Bezug auf was diese besteht, bzw. gedacht wird.

Obwohl es manchmal so gesehen wird, kann man also Rassismus, eine Klassengesellschaft und die Kastengesellschaft nicht gleichsetzen.[1] Im Rassismus

---

[1] Oliver Cox (1945) lieferte schlagende Argumente gegen W. Lloyd Warners irreführende Gleichsetzung allein auf Grund des Vorliegens unüberwindbarer Trennlinien (1936, S. 235). Im Falle der Kasten steht bei dem Gedanken der Blutreinheit die Abstammungslinie im Vordergrund, nicht die physische Unterscheidbarkeit. Hypergamie (Heirat Ranghöherer) wird hier nach Regeln gebilligt, während sie zur Auflösung der Rassenmerkmale führen würde. Dieser Aufrechterhaltung des angeblichen biologischen Erbes dient auch die Endogamie, wohingegen es dem Kastendenken um das soziale Erbe geht. Cox verdeutlicht die Unterschiede augenfällig in den Schaubildern auf S. 303 und 449 in Cox 1948.

beruhen Diskriminierung und Ausbeutung auf der *physischen (und ethnischen)* Verschiedenheit und ihrer Bewertung. Es handelt sich um ein bleibendes Kriterium, da an diesem Unterschied zur Identitätsdefinition festgehalten wird, während es in der Klassengesellschaft überwunden werden kann, weil sich hier die Ausbeutung auf eine *ökonomische* Differenz und Abhängigkeit gründet, die aufgehoben werden darf oder soll. Rassen und Klassen stellen allerdings in aller Regel keine Gemeinschaften dar, wie es bei Kasten *(jati)* der Fall ist. In der Kastengesellschaft beruht die Ausbeutung auf *religiös-moralisch* begründeten Statusunterschieden in Verbindung mit strikten Deszendenzregeln. Diese beiden qualitativen Kriterien sind nicht unüberwindbar, dennoch haben sie eine größere Beharrungskraft als quantitative ökonomische Unterschiede. Kasten werden zwar als höherwertig oder minderwertig gesehen, aber diese Stellung kann, wenn auch mit großer Mühe, durch moralische Anstrengungen verbessert werden. Insofern stehen Kasten zwischen Rassen und Klassen. Die Ähnlichkeit zwischen Rassen, Kasten und Klassen liegt nicht in einem bestimmten, oftmals oberflächlichen Charakteristikum, sondern in der Tatsache, dass sie auf *Klassifikation* beruhen. Klassifikationsklassen kreieren verschiedene Systeme sozialer Ungleichheit in Abhängigkeit der in Anschlag gebrachten Kriterien.

Wenn man die gegenwärtigen sozialen Verhältnisse in Indien betrachtet, wo sehr oft von der *middle class* die Rede ist, stellen sich folgende Fragen:

Stehen heute die älteren Kasten und neue Klassen einfach unverbunden nebeneinander, oder finden sich Klassen (anstelle der *varna*) und Kasten *(jati)* zusammen in einem System? (s. Dumont Anhang A 1960 in 1976, S. 288 ff.).

Man könnte argumentieren, dass sowohl Geburtsstände *(varna)* als auch Abstammungs- und Heiratsgemeinschaften *(jati)* Klassen in zwei ineinander verschlungenen Klassifikationssystemen sind. Das lässt sich gut sehen, wenn man mit Bourdieu auf die alltägliche Praxis schaut.

Versuche, die Theorie von Bourdieu in ihrer Gesamtheit zur Erklärung der Verhältnisse in Indien anzuwenden, sind bislang eher selten. Zwei eindrucksvolle Beispiele beschäftigen sich mit besonders benachteiligten Gruppen – den Frauen (Thapan 2006) und den Adivasi, hier konkreter den Naga (Küchle 2015). Bei Axel Michaels (1998) bleibt die Rezeption Bourdieus eher oberflächlich. In dem Moment (S. 21 f.), in dem er den Begriff Habitus (auch unter Bezug auf Weber) einführt, vermischt er ihn sogleich mit Assmanns Konzept des kulturellen Gedächtnisses (s. a. S. 373). Außer dem Habitus taucht kein weiteres Theorieelement von Bourdieu auf. Der identifikatorische Habitus benennt bei Michaels zudem eher eine typische Gepflogenheit. Der Habitus ist nicht wie bei Bourdieu Grundlage der Erzeugung allen Denkens und Handelns.

Bourdieus Theorie 3

Auf der Basis von Feldforschungen in Algerien und umfangreichen Studien in Frankreich hat Pierre Bourdieu (1930–2002) ein System von Begriffen entwickelt, mit dessen Hilfe menschliche Praxis zu beschreiben und theoretisch zu durchdringen ist. Dabei löst er sich von den beiden vorherrschenden und permanent im Streit miteinander liegenden Denkschulen sozialwissenschaftlicher Theorie, dem Objektivismus und dem Subjektivismus. Es gibt nämlich nicht nur in der politischen Theorie einen Gegensatz von Holismus und Individualismus, sondern auch in der Art und Weise, wie in der Soziologie Handeln erklärt wird (Saalmann 2016). Dem stellt Bourdieu einen relationalen Ansatz entgegen. Seine Grundeinsicht lässt sich wie folgt charakterisieren: Statt der Determinationen des Handelns oder aber der Intentionen der Akteure sollten Dispositionen herausgearbeitet werden. Damit verabschiedet sich Bourdieu vom rationalen Akteur, der entweder in der Tradition des Materialismus von außen getrieben oder in derjenigen des Idealismus von innen gesteuert erscheint. Die Frage ist dann, wie man beide Einsichten beibehalten, aber Reduktionismus und Einseitigkeit vermeiden kann. Bourdieu löst dieses Problem, indem er den alten Begriff des Habitus aufnimmt, ihn aber strukturalistisch reformuliert. Jeder Mensch erwirbt, von der Sozialstruktur geprägt, einen strukturierten Habitus, der wiederum strukturierend wirken kann. Der Habitus bringt einerseits das Handeln selbst hervor, andererseits die Einordnung und Bewertung des Handelns – des eigenen und des Anderer. Er generiert die Praktiken und ihre Wertschätzung oder Abwertung, also das Ausmaß, in dem sie Anerkennung erfahren.

Der Habitus wird durch Gewöhnung, Erziehung und Bildung erworben, kann aber durch Erfahrung, Nachdenken und Willensentscheidungen korrigiert, ergänzt und verändert werden. Aber: Man macht nicht jede Erfahrung, nicht alles Denkbare fällt einem ein und Entscheidungen können mehr oder weniger schnell und

© Springer Fachmedien Wiesbaden GmbH 2017
G. Saalmann, *Soziale Ungleichheit in Indien,* essentials,
DOI 10.1007/978-3-658-17624-2_3

zuversichtlich gefällt werden. Die Dispositionen des Habitus bewirken, dass man den Eindruck hat, man könne gar nicht anders handeln, als man es tut. Das beruht nicht auf einer Art Zwang, es handelt sich aber auch nicht um das Befolgen von Regeln oder um das Ergebnis rationaler Kalkulation (Bourdieu 1998, S. 211). Der Habitus legt etwas als ersten Impuls nahe und meist macht man sich nicht die Mühe, nach Alternativen zu suchen – wobei selbst diese Alternativen vom Habitus geprägt sein würden. Der Habitus determiniert also nicht, aber er leitet an und begrenzt die Handlungsfreiheit. Ständig neu und völlig frei entscheiden zu müssen, würde schlicht eine Überforderung darstellen.

Das konkrete Handeln ergibt sich aus dem Zusammentreffen des Habitus mit einem sozialen Feld. Gleich einem Kräftefeld besteht dieses aus einer momentanen Konstellation von Akteuren mit ihren Bestrebungen. Von allen potenziellen Möglichkeiten des Habitus eines Akteurs können also diejenigen realisiert werden, die in der aktuellen Konstellation möglich und vielversprechend sind. Akteure engagieren sich in den Feldern aufgrund ihrer habituellen Interessiertheit an dem, worum es in diesem Feld geht. Manche sind mehr an Politik interessiert als an Religion, andere an Kunst. Die Summe der Stellungnahmen eines Akteurs in den verschiedenen Feldern ergibt einen spezifischen Lebensstil. Diesen teilt er mehr oder weniger deutlich mit denjenigen, die einen ähnlichen Habitus haben, weil sie unter ähnlichen Verhältnissen aufgewachsen sind.

Bourdieu hat mit seinem zentralen Begriff des Habitus einen Weg gefunden, die Beiträge der drei soziologischen Klassiker Marx, Weber und Durkheim zusammenzuführen. Seine Hauptthese ist, eine weit gefasste »symbolische Ökonomie« präge das menschliche Leben, die er mittels eines erweiterten Kapitalbegriffs detailliert beschrieben hat. Bei allem, was über die Absicherung der Grundbedürfnisse hinausgeht, streben Menschen letztlich nach Anerkennung. Diese bezeichnet Bourdieu als »symbolisches Kapital« und macht sie damit quantifizierbar. Symbolisches Kapital kann erzielt werden, indem man neben Zeit soziales, kulturelles und ökonomisches Kapital einsetzt. Bourdieu spricht von »Kapital« statt nur von »Ressourcen«, weil er sieht, dass man etwas investieren muss. Soziale Beziehungen müssen gepflegt werden, kulturelle Kompetenzen können nur durch Ausbildung oder mühevolles Training erworben werden und ökonomisches Kapital erfordert Arbeit. Für das Erreichte erhält man Anerkennung, sobald man es durch sein und bei seinem Handeln in den Feldern einsetzt oder zur Schau stellt.

Die Feldforschung in Algerien hatte Bourdieu gezeigt, dass in traditionalen Gesellschaften Menschen in einer Art »Ökonomie der Ehre« strategisch danach streben, Anerkennung und Prestige zu erlangen, also symbolisches Kapital. Diese Bestrebungen und Strategien basieren auf ihrem Habitus und nicht auf rationaler

Kalkulation (Bourdieu 1976). Dennoch folgt der Habitus ökonomischen Prinzipien wie Sparsamkeit beim Einsatz der Mittel, Vermehrung des Eingesetzten (unmittelbarer Gewinn) oder mittelbarer, symbolischer Gewinn. Bourdieu will zeigen, dass Menschen selbst dann strategisch und interessiert handeln, auch wenn sie nicht rational kalkulieren.[1] Seine These ist geradezu, dass Menschen in den seltensten Fällen wirklich rational handeln müssen, weil sie in den allermeisten sehr gut von ihrem Habitus geleitet werden. Damit ist keineswegs gemeint, dass sie nicht rational denken könnten. Es ist nur meist schlicht nicht notwendig. Der Habitus generiert die Gewohnheiten und Regelmäßigkeiten des Alltagslebens. Ein großer Bestandteil an Wahrnehmungs-, Denk- und Handlungsweisen wird also unhinterfragt und automatisch angewandt. Bourdieu bezeichnet das als die Doxa, die reflexiv als Orthodoxie formuliert oder durch Heterodoxie herausgefordert werden kann. Wer also über die Macht verfügt, Wahrnehmungs- und Denkweisen nahezulegen oder durchzusetzen, verfügt über symbolische Macht. Gelingt es einer Gruppe, ihre symbolischen Klassifikationen zu implementieren, kann sie eine Machtposition einnehmen. »Beim symbolischen Kampf geht es um das Monopol auf die legitime Benennung, den herrschenden Standpunkt, der dadurch, dass er als legitim anerkannt wird, in seiner Wahrheit als besonderer, nach Ort und Zeit lokalisierter, verkannt wird« (Bourdieu 1988, S. 68). Bourdieu betont, dass bei etablierten Sicht- und Denkweisen das Erkennen, Anerkennen und Verkennen auf das Engste verflochten sind, also das Ordnen, die hierarchische Ordnung und die Willkür der Anordnung.

Wie in Abschnitt II bereits erwähnt, bringt die Anwendung von Klassifikationsschemata Klassen im erkenntnistheoretischen, aber auch im sozialen Sinne hervor. Dieser Klassenbegriff ist jedoch deutlich vom marxistischen zu unterscheiden.

Bourdieus Klassenbegriff

Das Besondere von Bourdieus Klassenbegriff lässt sich am Besten im Kontrast zu Marx und Weber erkennen. Bereits die Römer kannten ein System der Einteilung in *classis,* das sich auf die Heeresordnung und die dahinterstehende Vermögensverteilung bezog. Marx blendete den darin liegenden Aspekt einer Ständeordnung aus und stellte ökonomische Produktionsfaktoren in den Mittelpunkt seiner Bestimmung von Klassen. Besitz von Kapital, Boden und Arbeitskraft (s. MEW 25, S. 892) schienen eine eindeutige Grundlage zur Definition abzugeben.

---

[1] In seinem Buch ging es Bourdieu um »eine allgemeine Theorie der Ökonomie von Handlungen« (1976, S. 345).

Nachdem Marx den historisch neuartigen Verkauf der *Ware Arbeitskraft* in den Mittelpunkt gerückt hatte, fragte Weber weiter zurück nach der Entstehung der *Idee der Arbeit* und der *Arbeitsethik*. Zudem sah er, dass eine gleiche ökonomische Lage und gleiche ökonomische Interessen sich nicht nur qualitativ (juristisch), sondern auch quantitativ bestimmen lassen. Neben »Besitzklassen« treten folgerichtig »Erwerbsklassen«, oder nach heutiger Terminologie: »Einkommensklassen«. Im Laufe der Zeit bildeten auch diese einen spezifischen Lebensstil aus, womit einer der Unterschiede zu Ständen verschwimmt. Das andere Hauptkennzeichen von Ständen, dass man ihnen durch Geburt und symbolische Aufnahmerituale zugehört, lässt sich auf den ersten Blick nicht so leicht umgehen. Wie zu sehen sein wird, findet sich Entsprechendes jedoch noch heute im Bildungssystem (mit der Verleihung der Titel). Allgemein lässt sich sagen: »Was Marx zu eng führt, nämlich Produktionsweise und Lebensweise, reißt Weber mit Klasse und Stand zu sehr auseinander« (Müller 2014, S. 61).

Besonders anregend war für Bourdieu Webers Beschreibung der Verteilung von Macht in einer Gemeinschaft im Zusammenspiel von Klasse, Stand und Partei (WuG 531–40). Sie sind gekennzeichnet durch die Produktionsweise, die Weise des Konsums oder Lebensstils und die Art des Einflusses auf den Verwaltungsapparat. Die soziale Realität der Gemeinschaft sah Weber allein im ständischen Lebensstil gegeben, während Klassen nur potenzielle Gemeinschaften sind und Parteien Einfluss in bestehenden Gemeinschaften nehmen. Das Ökonomische und das Politische bilden somit eigene Bereiche im sozialen Leben, in dem es hauptsächlich um Ehre und Anerkennung geht – ein Grundgedanke den Bourdieu aufnimmt. Im Zusammenhang mit seiner Analyse der Bürokratie sprach Weber auch von einer »privilegierten Kaste« der Inhaber von Bildungstiteln (WuG 576, ähnlich 553, 556), die eine Position und andere ökonomische Vorteile, sowie soziales Prestige verschaffen.

Bourdieu hat sich bekanntlich von vulgär-marxistischer Vereinfachung und Einseitigkeit – wie Gruppenessenzialismus, Ökonomismus und Objektivismus – abgegrenzt (1985, S. 9). Wenn Marx im *Kapital* Personen als »Träger von bestimmten Klassenverhältnissen und Interessen« bezeichnet (MEW 23, S. 16), so fragt Bourdieu gewissermaßen, wie Personen gesellschaftliche Verhältnisse mit sich tragen. Die Antwort stellt der biografisch erworbene Habitus dar: Wahrnehmungs-, Denk- und Handlungsweisen werden als Habitus *inkorporiert* – in den Körper als Haltungsweisen und Handlungsfähigkeiten eingeschrieben – und nicht nur im Bewusstsein und der Persönlichkeit *internalisiert*. Dies geschieht sowohl in der Alltagspraxis, wie auch durch Erziehungsarbeit. Bourdieu erkennt, dass Arbeit als Kapital auf zwei unterschiedliche Weisen akkumuliert werden kann: in materieller und inkorporierter Form (1983, S. 183 = 1992, S. 49). Man kann sein Geld außer in der Produktion auch dafür verwenden, quasi seine eigene Arbeitskraft und -zeit einzukaufen und sie in Bildung im weitesten Sinne investieren, um etwas zu schaffen, das mehr Geld wert ist als man eingesetzt hat. So entsteht inkorporiertes kulturelles Kapital, das durch Institutionalisierung in Bildungstiteln noch mehr Gewinn bringt, der dann wiederum in Objekten der Kultur gespeichert/angelegt werden kann. Die Klassenlage der Ursprungsfamilie steckt also im Körper, weshalb Bourdieu sagt, der Geschmack sei »Körper gewordene Klasse« (1982, S. 307). Gegensätze der Herrschaft werden so unter Gegensätzen der Manier verschleiert (1970, S. 73). Der Geschmack als System der Wahrnehmungs- und Bewertungsschemata ist ein Aspekt des Habitus, neben den Erzeugungsschemata klassifizierbarer Praktiken (1982, S. 280). Die permanente Anwendung der *Klassifikationen* erzeugt stets aufs Neue *Klassen,* so wie vorher die »Unterschiede aus der physikalischen Ordnung der Dinge in die symbolische Ordnung signifikanter Unterscheidungen« verwandelt wurden (1982, S. 284). Eine frühe Formulierung Bourdieus dazu lautet: »Eine soziale Klasse lässt sich niemals allein aus ihrer [ökonomischen] Lage und Stellung innerhalb einer gesellschaftlichen Struktur, d. h. aus den Beziehungen bestimmen, die sie objektiv zu anderen Klassen unterhält. Eine Reihe ihrer Eigenschaften verdankt sie nämlich dem Umstand, dass die Individuen, die diese Klasse bilden, absichtlich oder ohne es zu merken in symbolische Beziehungen zueinander treten« (1970, S. 57).

Nach Bourdieu ist eine konstruierte, theoretische Klasse (im sozialen Raum) nicht gleich eine reale Klasse, als bestehende oder gar mobilisierte Gruppe, sondern nur eine wahrscheinliche Klasse. Zur theoretischen und wissenschaftlichen Arbeit muss politische Arbeit kommen. Somit unterscheidet Bourdieu folgende Begriffe (Bourdieu 1993, S. 83 ff., 1998, S. 23 ff.; s. a. Rehbein 2006, S. 173 ff.; Müller 2014, S. 69 f.) (Tab. 3.1):

Tab. 3.1 Drei Begriffe sozialer Klasse nach Bourdieu

Objektivierte Klasse	Menschen, die eine ähnliche Position im sozialen Raum haben	*Sicht des Soziologen (Wissenschaft)*
Klassifizierte Klasse	Menschen, die eine ähnliche Disposition zu Handeln und zur Distinktion haben	*Größtenteils vorbewusste Praxis der Menschen (Lebensstil)*
Mobilisierte Klasse	Menschen, welche die gleiche Klasse teilen, eine entsprechende Identität entwickeln und sich organisieren	*Bewusste Sicht und Praxis der Menschen (Politik)*

Wie zu sehen ist, schiebt Bourdieu zwischen die marxistische »Klasse an sich« und »Klasse für sich« die von den Menschen im Alltagsleben permanent hergestellte und reproduzierte *Klassifikationsklasse.* Im Anschluss an Weber betont Bourdieu, dass Industrie- und Dienstleistungsgesellschaften nicht allein vom kapitalistischen Markt geprägt sind, sondern genauso noch von ständischen Prinzipien (der Feudalgesellschaft). Bourdieu versucht beides zusammen zu denken, indem er erstens drei Hauptsorten von Kapital benennt und zweitens ihre Gemeinsamkeit in der fortwährenden Notwendigkeit zur Investition (von Zeit, Arbeit, Geld) sieht. Woher stammt der Antrieb dazu?

Wenn man Menschen durchgängig als Kulturwesen ansieht, also nicht mehr von Trieben sprechen kann, muss das Bestreben der Individuen und muss die soziale Dynamik auf andere Weise erklärt werden. Bourdieus plausible Grundannahme ist, dass alle Menschen nach Anerkennung und Prestige, also symbolischem Kapital (1985, S. 10 f.) streben. Diese Anerkennung beruht auf der Art und Menge des ökonomischen, sozialen und kulturellen Kapitals, und da sich nicht nur ökonomisches, sondern auch soziales und kulturelles Kapital in der Familie vererben lässt, reproduziert sich zu einem gewissen Grad soziale Ungleichheit. Die steigende Rolle der Bildung erfordert es, immer stärker auf kulturelles Kapital zu setzen, wenn man seine Stellung wahren will. Investition in Bildung erfordert ein Verschieben des Konsums in die Zukunft, eine gewisse Askese, besonders von den Aufstrebenden (1982, S. 527).

Die soziale Lage der Familie ist nach Bourdieu ausschlaggebend für die Grundlegung des Habitus der Heranwachsenden. Die Menge an ökonomischem, sozialem und kulturellem Kapital, die in der Familie zur Verfügung steht und eingesetzt werden kann, bedingt wie viel eigenes, zunächst hauptsächlich kulturelles Kapital ein Kind bilden kann. Die kulturellen Kompetenzen, welche die Kinder von zu Hause mitbringen, erklären den unterschiedlichen Bildungserfolg in der Schule (Bourdieu und Passeron 1971). Mit der Einführung des Begriffs »Intelligenz« zur Benennung und Erklärung dieser Unterschiede wurden soziale Ursachen naturalisiert und konnten so unsichtbar gemacht werden (s. a. Béteille 1980).

Wenn man auf den Konsum und die Lebensführung schaut, kann man mit einer gewissen Wahrscheinlichkeit auf die soziale Lage schließen. Gleichzeitig wird deutlich, dass verschiedene Lebensstile mit der gleichen Lage korrelieren können. Für die Konstitution sozialer Klassen ist mithin nicht nur die Höhe des Einkommens relevant, sondern auch, wie man dieses ausgibt und wie das von den anderen Akteuren gesehen und bewertet wird. Daraus ergibt sich, dass die meisten Gesellschaften nicht nur vertikal geschichtet, sondern auch horizontal gegliedert sind. In der neueren Sozialstrukturforschung haben sich daher Modelle von Lebensstilmilieus etabliert, für die Bourdieus Arbeit wegweisend gewesen ist (ein sehr ausgefeiltes Modell haben Boike Rehbein und Jessé Souza 2014 vorgestellt).

Klassen beruhen also auf Klassifikationen. Die Art der Klassifikation wiederum geht auf den Habitus zurück, der in der sozialen Position gründet. Diese ist durch ökonomische Gegebenheiten, kulturelle Güter und Kompetenzen und die sozialen Beziehungen geprägt. Die hochlabile Sozialstruktur, die eigentlich aus dem Zusammenspiel all dieser Faktoren resultieren müsste, wird in eine etwas festere Statushierarchie überführt, weil die Akteure in den Feldern Zugangsbeschränkungen etablieren, Monopole bilden und Privilegien verteilen.

Bei der Betrachtung der indischen Sozialstruktur kommt man weiter, wenn man Kasten weniger in einem »System« sieht, als vielmehr den Blick auf praktizierte soziale Beziehungen richtet, die vorwiegend der Aufrechterhaltung abgeschlossener Gruppen dienen (Michaels 1998, S. 193), was sich insbesondere in den Vorschriften der Endogamie und der Kommensalität zeigt.[1] Bei den Gruppen (den *jati*) handelt es sich um Bündel von Lineages und Klanen, zu denen man von Geburt an gehört, die sich jedoch zudem in einer Statuskonkurrenz befinden, welche sich unter anderem im Streben nach ritueller Reinheit manifestiert, während soziale Mobilität eingeschränkt ist. Prestige erwirbt man nämlich besonders durch Erfüllung spezifischer ständischer Pflichten *(dharma)* und genaueste Einhaltung von Regeln. Auch in einem askriptiven System muss man sich die Ehre verdienen (Pitt-Rivers 1971, S. 252), indem man gemäß den Vorschriften lebt und die sozialen Erwartungen erfüllt. Nur wenn es dem männlichen Familienoberhaupt gelingt, die Jungfräulichkeit seiner Töchter zu bewahren und respektable Ehegatten für sie zu finden, wird er selbst geachtet. Das betrifft selbst, oder sogar ganz besonders, die höheren Statusgruppen/die Hochkastigen. Selbst wenn sie keine politische Macht haben (sollten), so haben sie doch soziale Macht, weil sie die moralischen Standards definieren (=symbolische Macht). Dieses Privileg wird ihnen auf Dauer nur zugestanden, wenn sie sich auch darum bemühen, sie korrekt zu erfüllen. Der eigene Lebenswandel nach selbst gesetzten Standards legitimiert somit ihre Machtposition. So wirkt die von den Brahmanen formulierte und implementierte Kastenideologie, mit der sie gleichzeitig ihren Anspruch auf die höchste Statusposition

---

[1]Kommensalität bezeichnet die erlaubte Tischgemeinschaft. Einnahme, Zubereitung und Zutaten des Essens sind geregelt (Khare 1986).

© Springer Fachmedien Wiesbaden GmbH 2017

G. Saalmann, *Soziale Ungleichheit in Indien*, essentials,

DOI 10.1007/978-3-658-17624-2_4

erhoben hatten.[2] Die Sozialstruktur kann vergleichsweise stabil sein, weil Status und politische oder ökonomische Macht *relativ* unabhängig voneinander sind. Reichtum und politischer Einfluss können zu einem hohen *sozialen* Status führen, während der *rituelle* Status davon unberührt bleibt oder sogar sinkt.

Mit der Ausdifferenzierung der Gesellschaft in relativ autonome Felder setzt sich dies stärker fort. Auch ist zwar eine Sphäre säkularen Rechts eingeführt worden, aber da im Familien- und Erbrecht alte Regelungen fortbestehen und mit den Kastenräten mächtige Organe ständischen und gemeinschaftlichen Denkens weiterwirken können, ist die Sozialstruktur Indiens erst in Teilen erschüttert worden (vor allem in den Städten, s. Shaw 2012, S. 100 ff.). Allerdings hat André Béteille betont, dass heute immer weniger Menschen ein »Kastensystem« theoretisch erklären und ideologisch rechtfertigen könnten (1997, S. 338). Steve Barnett (1977, S. 401 f.) hat die Mechanismen beschrieben, mit denen aus lokalen Gruppen politisch mächtigere, überregional bedeutsame Verbände konstruiert werden. Damit erweitert sich der Spielraum an Optionen für die Identitätsbildung auf der Handlungsebene. Politische Identität kann wichtiger werden als soziale Identität oder kulturelle.

Mit Bourdieu kann man sehen, dass das kastenspezifische Handeln und die Prinzipien der sozialen Bewertung inkorporiert sind. Den Menschen muss nichts aufoktroyiert werden und sie müssen auch keine Rechtsbücher konsultieren. Die brahmanische Ideologie ist so eng mit der indischen Kultur verflochten, dass sie auch ohne Brahmanen lange weiterwirken würde. Die Brahmanen dagegen verfügten nur über ihre persönliche Autorität, nicht eine Organisation, um etwas durchzusetzen. Hier waren und sind die Kastenräte der *jati* zentral (s. Nadkarni 2003, S. 4790). So ist beispielsweise die Vorstellung einer sozial relativen *Ehre* noch kaum von der Idee der universell gültigen *Würde* des Menschen abgelöst worden. Durch Erfüllen der Pflicht auf allen Ebenen des Lebens versucht jeder, seinen Teil sozialer Anerkennung (symbolisches Kapital) zu erringen. Mit den drei Kapitalsorten lässt sich die Trennung von Status und Macht sehr plausibel beschreiben und erklären. Selbst wer wenig ökonomisches Kapital hat, kann aufgrund der Menge seines kulturellen Kapitals einen hohen Status besitzen. Wer noch dazu oder auch nur über viel soziales Kapital verfügt, hat mehr Macht.

---

[2]Brian Smith (1994) hat gezeigt, dass die klassifikatorischen Bemühungen im Brahmanismus sowohl dem Wissen galten, als auch der Kontrolle. »Knowledge is never disinterested. Classifications, such as those made possible by the *varna* system, reflect the interests of those who are classifying. And those who do the classifying for a particular culture and time do so because they can, because they have seized (or have been given) the ability to imperiously decree what is what« (S. 323).

Die Stärke von Bourdieus Theorie zeigt sich jedoch besonders, wenn man die historischen Veränderungen in Indien mit seinen Analysen der traditionalen Gesellschaft, der Entstehung der bürgerlichen Gesellschaft und des industriellen Kapitalismus, sowie ihres Wandels zur Dienstleistungsgesellschaft parallelisiert. Der zentrale Erklärungsfaktor liegt in der Schaffung eines Schulsystems, mit dem eine bestimmte Art kulturellen Kapitals privilegiert und institutionell sanktioniert worden ist, bzw. noch immer wird. Die statushöheren Individuen verfolgen, disponiert von ihren Habitus, die Strategie weiterer Investitionen (von Zeit und Geld) in Bildung bei gleichzeitiger Ausschaltung der Konkurrenz statusniedrigerer Personen. Ein Blick in die indische Geschichte zeigt dies deutlich (s. Crane 1964).

Obgleich es in Indien bis zur vollen britischen Kolonialherrschaft ab 1858 kaum eine ausdifferenzierte Gesellschaft gab, hatte sich doch schon lange zuvor ein religiöses Feld herausgebildet. In ihm konkurrierten verschiedene Religionen miteinander und sogar innerhalb einzelner Religionen heterodoxe Abspaltungen. Hier hatte auch die »ursprüngliche Akkumulation« kulturellen Kapitals durch die Brahmanen stattgefunden. Sie monopolisierten das Wissen um die korrekte Durchführung der Opfer, ließen zum Vedastudium Andere nur in abgestufter Intensität zu und hielten am Sanskrit fest, anstatt sich lokaler Sprachen zu bedienen. Genau dies waren wichtige Angriffspunkte für religiöse Abweichler und Reformer. Die Briten griffen überproportional häufig auf Angehörige der beiden oberen *varna* zurück, als sie darangingen, mit Einheimischen ihren Verwaltungsstab aufzubauen. Nach der Unabhängigkeit hat diese alte Mittelklasse – die Bildungselite aus der Kolonialzeit – darauf geachtet, dass sehr viel in die höhere Bildung investiert wurde, was direkt den eigenen Kindern zugute kam. Das allgemeine Grundschulsystem wurde eher vernachlässigt (Rothermund 2008, S. 230 ff.), sodass der Zuwachs von Konkurrenten lange überschaubar geblieben ist. Erst mit der Umsetzung der Empfehlungen der Mandal-Kommission für weitere Quoten hat sich die Situation verschärft, was auch die teils gewaltsamen Proteste dagegen erklärt.[3] Ein solcher Versuch der Ausschaltung von Konkurrenz spielt auch im Hindunationalismus eine wichtige Rolle. Befinden sich hier gewöhnlich die Muslime im Fokus, hat sich dieser auf die Dalit verschoben,

---

[3]Seit 1990 gab es Quoten von 27 % für die OBC (Other Backward Classes) in den begehrten Regierungsämtern, erst 2006 auch in der höheren Bildung (Hasan 2010). Damit kommen oft Studenten an Studienplätze, die weniger gut darauf vorbereitet sind als die aus höheren und bildungsnäheren Kasten. Diese fallen daher öfter positiv auf und haben bessere Noten. Somit verändert sich die Ungleichheitsordnung trotz positiver Diskriminierung eher wenig. Mittlerweile ist zudem eine Auswanderung der Bessergestellten aus den staatlichen Schulen in Privatschulen festzustellen. Auch der Markt für Nachhilfe boomt.

sobald sie in Uttar Pradesh politische Macht erlangt hatten (Frøystad 2005). Das ist leicht möglich, da beide eine ähnliche Position im sozialen Raum einnehmen. Die *tentative* Zuordnung der Religionsgemeinschaften und *varna* kann man in einem Diagramm veranschaulichen.

Bourdieu korreliert zur (Re)Konstruktion des sozialen Raums als *Raum sozialer Positionen* gewöhnlich die Zusammensetzung der Kapitalien und das Volumen des Kapitals. Der *Raum der Lebensstile* ist damit strukturell homolog. Denn Art und Umfang der Kapitalausstattung zeichnet mit großer Wahrscheinlichkeit die Weise des Lebensstils und Konsums vor. Dieser ist über den Geschmack auf den Habitus zurückzuführen, der wiederum durch die Position der Ursprungsfamilie (bzw. der *jati*) geprägt worden ist (Abb. 4.1).

Die *jati* bilden Netzwerke auf verschiedenen, miteinander verflochtenen Ebenen. In ihnen wird also eine Form des sozialen Kapitals gepflegt, das im zweidimensionalen Diagramm nicht dargestellt ist. Verändert sich der Kapitalbestand einer *jati*, wozu heute auch historische und politische Bildung als Teil kulturellen Kapitals gehört, reklamiert sie eine andere *varna*-Position für sich. Da allerdings die indische Gesellschaft so außerordentlich konsequent nach dem Prinzip der

Viel Kapital

Brahmanen *(Jains)*		***Kshatriya*** *(Sikhs)*
mehr <u>kulturelles</u> Kapital	***Vaishya*** *(Parsen)*	mehr <u>ökonom.</u> Kapital
Shudra *(Christen,* *Buddhisten)*		***Dalit*** *(Muslime,* *Adivasi)*

Wenig Kapital

Abb. 4.1 Der soziale Raum in Indien

Abstammungs- und Heiratsgemeinschaften organisiert ist, bleibt der Gesamtaufbau auch bei Verschiebungen erhalten. Das Streben nach sozialem Aufstieg stellt die soziale Hierarchie nicht infrage (s. a. Sharma 1999, S. 88). Weil schon immer ökonomische und politische Faktoren eine wichtige Rolle bei der vertikalen Ungleichheit gespielt haben, verändert ein Leben unter den Bedingungen des Kapitalismus die soziale Hierarchie nicht so stark, wie erwartet.[4] Selbst in Europa hat sich nach einer kurzen, turbulenten Umbruchphase in den 1960er und 70er Jahren eine ungleiche Ordnung wieder gefestigt und soziale Mobilität ist nicht so leicht möglich, wie behauptet. Die zentrale Rolle des Bildungssystems hierbei hat Bourdieu ja hervorgehoben. Die *imaginäre* Ständeordnung *(varna)* Indiens kann auch bei stärkerer Veränderung der sozialen *Realität* überdauern. Die Zahl der *jati* und ihre Position kann variieren, aber solange sie nicht geschlossen gegen das hierarchische Statussystem protestieren, lebt es durch ihre eigene, oft stillschweigende Akzeptanz und Umsetzung in der alltäglichen Praxis fort.

Die Differenzierung der Gesellschaft und die Teilhabe an ihr basiert heute immer weniger auf Askription, also der Zuordnung per Geburt bzw. Initiation zu einem Klan oder einer Schicht, sondern stärker auf Kriterien, die für einen Gesellschaftsteil (ein Feld) spezifisch sind. Diese Kriterien können unterschiedlich sein, aber oft finden sich auch Mischungen: bestimmte Leistungen, die erbracht werden müssen, eine formale Mitgliedschaft auf Antrag, besondere Stilmerkmale, die zur Schau zu stellen sind. Es zeigt sich, dass Zuordnungen sowohl marktförmig als auch durch Organisationen geregelt sind und entsprechend legitimiert werden. Teilhabe und Teilnahmeberechtigung beruhen dabei jedoch stets auf einer Form der *Anerkennung,* die implizit oder explizit ausgesprochen wird. Darin unterscheiden sich askriptive und meritokratische Regelungen nicht. Das Streben nach Anerkennung ist nach Bourdieu der hauptsächliche Antrieb menschlichen Lebens und es erklärt die soziale Dynamik, die sich in den einzelnen Feldern abspielt. Daher ist seine Theorie für eine Analyse askriptiver wie meritokratischer Sozialformen geeignet. Auch wenn ein erblicher Status mehr und mehr durch einen erworbenen Status aufgrund von anerkanntem Verdienst und vorgeführtem Konsum ersetzt wird, bleibt doch eine Statusordnung erhalten, die durch die Praxis reproduziert wird.

Ein Rückblick auf die oben genannten acht Punkte aus der Diskussion um Dumonts Erklärungsansatz zeigt, inwiefern Bourdieu diese ansprechen kann.

---

[4] »Much of the mobility appears to be merely horizontal, from traditional caste occupations or agricultural labour in the village to insecure jobs at the lower end of India's vast informal economy« (Jodhka 2015, S. 10).

1. Bei Bourdieu gibt es kein statisches System, sondern er zeichnet ein dynamisches Bild, da er sich, seinem relationalen Ansatz entsprechend, auf die gelebten Beziehungen konzentriert.
2. Bourdieu zeigt, inwiefern durch den Habitus Strukturen permanent umgesetzt werden.
3. Die Aufnahme weiterer Gruppen kann mit der Dynamik in den Feldern erklärt werden. Sie können sich positionieren, sofern das von der Konstellation der Kräfte her möglich ist.
4. Der Habitus leitet die Menschen darin, Heiratsallianzen strategisch einzugehen und nicht nach präskriptiven Regeln.
5. Strukturen bewegen sich dialektisch durch die Zeit, da sie zunächst den Habitus strukturieren, sodass er über die Dispositionen die Praxis strukturierend wirken kann. So ergeben sich wieder Strukturen, die in weiten Teilen den alten gleichen, auch wenn es Variationen gibt. Dabei sind ökonomische und kulturelle Aspekte so eng miteinander verflochten, dass selten angegeben werden kann, was primärer Einflussfaktor ist.
6. Mit dem Habitus kann auch die niedrigere oder höhere Wahrscheinlichkeit erklärt werden, mit der Menschen bereit sind, bzw. sich berechtigt fühlen, Gewalt einzusetzen.
7. Bourdieu schlägt einen nicht-marxistischen Klassenbegriff vor, der von der grundlegenden Tatsache der Klassifikation ausgeht. Die gelebte Anwendung ordnender und wertender Klassifikationen bringt Klassen hervor.
8. Bourdieu entwickelt Elemente einer allgemein menschlichen Theorie der Praxis. Das ermöglicht und legitimiert Vergleiche auch über Zeiten und Kulturräume hinweg. So lässt sich erkennen, dass es neben graduellen Unterschieden auch immer viele Gemeinsamkeiten gibt. Polare Gegenüberstellungen wären also durch Beschreibungen der »Familienähnlichkeiten« zu ersetzen.

Schluss: Prestigegewinne und wertende Klassifikationen

Die Struktur der indischen Gesellschaft ist weder völlig einzigartig, noch kann man das Konzept »Kaste« umstandslos auf andere Gesellschaften übertragen. Man findet in Indien Elemente im Gefüge des Sozialen, die es ähnlich auch anderswo gibt. Allerdings sind sie in Indien auf eine ganz besondere Art ausgeformt, arrangiert und kombiniert. Stände, Berufsorganisationen, Familienverbünde und Klane gibt es überall, aber in Indien wird Endogamie außergewöhnlich rigoros umgesetzt, durchdringen Abstammungsverhältnisse die ökonomische Sphäre und wirken sich religiöse Grundgedanken in moralischen Werten und Vorschriften, sowie einer hohen Ritualisierung aller Interaktionen und des Alltagshandelns aus. Daher muss keine Entscheidung getroffen werden zwischen einer Sicht der indischen Gesellschaft als religiös begründete Hierarchie (Dumont) und verwandtschaftlich basierten Gruppen, die in einer Statuskonkurrenz stehen (s. Lindt 2013, S. 98). Beides trifft zu! Denn »Kasten« hat es nie gegeben, sondern nur *varna* und *jati,* die beide Klassifikationsklassen sind – nur mit unterschiedlichen Prinzipien.

Statt den Kastenbegriff vergleichend auszuweiten, wird somit dafür plädiert, einen kulturalistisch reformulierten Klassenbegriff zur Analyse der indischen Gesellschaft anzuwenden. Das kann zudem der Situation heute gerecht werden, in der sich manchmal größere *jati* als kleine Ethnien innerhalb eines Bundesstaates sehen und politisch agieren (Jodhka 2012, S. 175; s. a. Sharma 1999, S. 71 ff.). Beziehungen zwischen »Kasten« werden langsam deritualisiert, während Kastenverbünde politisiert werden (Sheth 2006).

Klassen nach Bourdieu sind keine rein ökonomisch definierten Gruppen (wie bei Marx), sondern sie ergeben sich allein aus der fortlaufenden habituellen Anwendung von Klassifizierungen, die jegliches Handeln leiten und zur wertenden Distinktion eingesetzt werden. Die auch in Indien gewerkschaftlich organisierte und politisch aktive »Arbeiterklasse« (s. Sen 1994) wäre nach Bourdieu eine

© Springer Fachmedien Wiesbaden GmbH 2017
G. Saalmann, *Soziale Ungleichheit in Indien,* essentials,
DOI 10.1007/978-3-658-17624-2

»mobilisierten Klasse«, was aber auf Dalitparteien genauso zutrifft. Was Divya Vaid (2012, S. 422) in ihrer Untersuchung als »Familie/Kaste« und »Klasse« bezeichnet, erfasst Bourdieu mit den Formen des sozialen und ökonomischen Kapitals.

Die indische Gesellschaft besteht aus Klassen im Sinne von Gemeinschaften, die einen bestimmten Lebensstil pflegen (Béteille 1975, S. 118 f.), den sie selbst wertschätzen und mit dem Lebensstil anderer Gruppen vergleichen. Sie achten auf seine Unterscheidbarkeit, indem sie Unterschiede hervorheben und permanent reproduzieren. Oft geschieht dies vorbewusst und automatisch, weil die entsprechenden Sicht- und Handlungsweisen vom Habitus nahegelegt werden. Das erklärt, warum die Benachteiligten an der Reproduktion der für sie ungünstigen Sozialstruktur mitwirken. Selbst wenn unten und oben verschiedene Werte gelten, wird doch diese Einteilung in unten und oben wenig infrage gestellt. Dalit bestreiten zwar, dass sie begründeter maßen unten stehen, sie wollen aber genauso eine hohe Statusposition erlangen.

Mit Bourdieu kann man deutlich sehen, dass die gemeinsame Grundlage von Kasten und Klassen in der Anwendung einer wertenden Klassifikation und dem Streben nach sozialem Prestige besteht, das eine bestimmte Statusposition garantiert.

Herausforderungen für Anschauungen und Lebensweise konnten Hindus immer begegnen, indem die Glaubensanschauungen modifiziert wurden oder die Sozialstruktur angepasst wurde. Die Modernisierung (aus indischer Sicht: Gupta 2000b), verstanden vor allem als Individualisierung (Saalmann 2008), untergräbt kontinuierlich beide Bereiche. Urbanes Leben und Industriearbeit erfordern neuartige Kompetenzen, der demokratische Staat garantiert Rechte und in der Ökonomie wird Moral durch bare Zahlung und egoistische Berechnung ersetzt. All dies trägt dazu bei, ein größeres Gewicht auf individuelle Entscheidungen und Selbstbestimmung zu legen. Die Pflicht, festgelegte Funktionen innerhalb eines sozialen Organismus zu erfüllen, wird ersetzt durch vertragliche Beziehungen in einem marktförmig hergestellten Zusammenhang. In beiden Fällen können Kastengruppen *(jati)* die kleinsten Einheiten sein, auch wenn ihr ideologisches Fundament jeweils anders ist. Einmal ist der vorgeschriebene Lebenswandel (was man tut) grundlegend, einmal eine in der Abstammungslinie erhaltene und weitergegebene Substanz (was man ist). Eine stärker individualisierte Lebensführung ist möglich, sofern Moral durch das Recht ersetzt ist, selbst wenn man nach wie vor von einer Ungleichheit *per* Abstammung ausgehen sollte.

Als Gegenbewegung zur Individualisierung und den Unsicherheit erzeugenden Möglichkeiten, die sie bringt, wird von manchen verzweifelt versucht, eine einheitliche Hindunation zu proklamieren. Momentan sind daher im Bereich der Religion zwei gegenläufige Tendenzen zu verzeichnen: Eine politisierte Form der Religion mit dem Kult von Rama im Mittelpunkt (Smith 2003, S. 190 f.) und eine Form, in der eher der Erlebnischarakter von Religion im Zentrum steht (Besuch spektakulärer Tempel, Feste, Pilgerreisen, s. Brosius 2010, S. 141 ff.; Saavala 2010, S. 149 ff.). In beiden Formen wird in unterschiedlichem Ausmaß an der Klassifikation in *varna* und *jati* festgehalten (Tharoor 2005, S. 157). Nach wie vor ist dabei die Rolle der Frauen zentral, selbst wenn sie sich wandelt. Unter den veränderten ökonomischen Gegebenheiten bringt es Vorteile, wenn – den alten Idealen entgegen – auch die Frauen das Haus verlassen und Geld verdienen.[1] Statusanzeiger auf monetärer Basis spielen schließlich eine wichtige Rolle (wie Motorräder, Autos, Waschmaschinen, Wohnungen, Essengehen, bis hin zu prunkvollen und kostspieligen Hochzeiten). Zwänge nehmen also ab, selbst wenn Erwartungen bestehen bleiben. Das zeigt sich vor allem auf dem Heiratsmarkt.

> Negotiated and arranged marriages within the recognized limits of connubiality are the dominant and overwhelming norm. [...] The principles of caste inform the specific nature of sexual asymmetry in Hindu society; the boundaries and hierarchies of caste are articulated by gender (Dube 2001, S. 173; heute hilft das Internet bei der Suche nach Kandidaten, s. Titzmann 2011).

Überzogene Mitgiftforderungen und die Verschuldung durch aufwendige Hochzeitsfeierlichkeiten markieren nicht nur ökonomische Trennlinien, sondern erhalten sie gleichzeitig auch aufrecht, weil Bessergestellte die Schulden bald abgezahlt haben, während Ärmere durch den Schuldendienst lange gebunden sind. Neben arrangierten Ehen (noch zu 94 %; Lindt 2013, S. 107) erklären Verwandtschaftsnetzwerke, räumliche Segregation (bis hin zu *gated communities*) und Diskriminierung auf dem Arbeitsmarkt (Vaid und Heath 2010) das Fortleben einer stratifizierten Gesellschaft, selbst wenn Egalität den Grundwert im Recht darstellt. Die positive Diskriminierung durch Quoten steht dem allerdings entgegen und sie hat den Effekt, dass am Denken in Kastengruppierungen *(jati)* festgehalten wird, weil es politisch opportun ist[2] und ökonomisch profitabel sein kann

---

[1]Die entsprechenden Konflikte finden sich früh beschrieben in dem Film *Mahanagar* (1963) von Satyajit Ray.

[2]»Vertical caste ties have been replaced by horizontal caste blocks« (Gupta 2000b, S. 102).

(Deshpande 2011).[3] Auf ihren ökonomischen Vorteil und eine daraus resultierende Überlegenheit waren dominante Gruppen in Indien aber schon immer aus (Varma 2004, S. 7) – angefangen bei den Viehzüchtern der vedischen Zeit. Aus ihren Bitten an die Götter haben sich ganz verschiedene Religionen mit einem je eigenen Schwerpunkt auf Ritualismus, Asketismus oder Devotionalismus entwickelt, deren ingeniöse Kombination seit der Ausformung des klassischen »Hinduismus« dazu gedient hat, eine extrem ungleiche »*Klassen*gesellschaft« aufrecht zu erhalten.

---

[3]Wie stark in Indien noch immer die Schranken zwischen den ständischen Statusrängen der *varna* wirken, zeigt Christian Schneickert (2015) in seiner Untersuchung zu politischen und wirtschaftlichen Eliten. Umso merkwürdiger ist, dass Vivek Srivastava (2015) in seiner Analyse der Auswirkungen der Globalisierung auf Ungleichheit allein ökonomische Faktoren berücksichtigt und Elemente der Sozialstruktur (*varna, jati,* caste, class) mit keinem Wort erwähnt.

Was Sie aus diesem *essential* mitnehmen können

- Die lange Zeit gebräuchliche Bezeichnung »Kaste« zur Beschreibung der indischen Gesellschaft hat mehr verwischt als erklärt
- Die Gesellschaft bestand und besteht vielmehr aus den mit indigenen Klassifikationsbegriffen bezeichneten Teilgruppen
- Pierre Bourdieu erklärt, wie sich diese Systeme von Klassifikationsklassen in der sozialen Praxis reproduzieren
- Ihr jeweiliger Habitus legt den Menschen Handlungen und klassifizierende Bewertungen von Handlungen nahe, die zur Unterscheidung von Teilgruppen der Gesellschaft nach ihrem Lebensstil führen
- Dieser Mechanismus funktioniert in einer moralisch fundierten Ständeordnung, die selbst Gewalt rechtfertigt, wie auch in einer auf Rechten basierenden kompetitiven Marktvergesellschaftung

© Springer Fachmedien Wiesbaden GmbH 2017

G. Saalmann, *Soziale Ungleichheit in Indien,* essentials,

DOI 10.1007/978-3-658-17624-2

Literatur

Ambedkar, Bhim Rao. 2013. *Castes in India. Their mechanism, genesis and development.* New Delhi: Critical Quest (Erstveröffentlichung 1917; auch in: Ambedkar, Writings and Speeches 1, Bombay 1979, 5–22).

Appadurai, Arjun. 1988. Putting hierarchy in its place. *Cultural Anthropology* 3 (1): 36–49.

Bandyopadhyaya, Jayantanuja. 2007. *Class and religion in ancient India.* New Delhi: Anthem.

Barnett, Steve. 1977. Identity choice and caste ideology in contemporary South India. In *The new wind. Changing identities in South Asia*, Hrsg. K. David, 393–414. Den Haag: Mouton.

Bayly, Susan. 1999. *Caste, society and politics in India. From the eighteenth century to the modern age* (New Cambridge History of India IV, 3). Cambridge: Cambridge University Press.

Berreman, Gerald D. 1960. Caste in India and the United States. *American Journal of Sociology* 66 (2): 120–127.

Berreman, Gerald D. 1967. Stratification, pluralism and interaction: A comparative analysis of caste. In *Caste and race: Comparative approaches*, Hrsg. A. de Reuck und J. Knight, 45–73. London: Churchill.

Berreman, Gerald D. 1971. Review homo hierarchicus. *Man* 6:515.

Béteille, André. 1975. The social system of a Tamil village. In *Culture and Society. A Festschrift to Dr. A. Aiyappan*, Hrsg. B. N. Nair, 115–130. New Delhi: Thomson Press.

Béteille, André. 1980. The idea of natural inequality. In *Social inequality. Comparative and developmental approaches*, Hrsg. G. D. Berreman, 59–80. New York: Academic Press.

Béteille, André. 2004. Kaste im heutigen Indien. In *Konfigurationen der Moderne. Diskurse zu Indien*, Hrsg. S. Randeria, M. Fuchs, und A. Linkenbach, 331–347. Baden-Baden: Nomos (Erstveröffentlichung 1997).

Bhagavad-Gita (übersetzt von Klaus Mylius). Leipzig: Reclam 1990.

Bouglé, Célestine. 1958. The essence and reality of the caste system (1908). *Contributions to Indian Sociology* 2:7–30.

Bourdieu, Pierre. 1970. Klassenstellung und Klassenlage. In *Zur Soziologie der symbolischen Formen*, Hrsg. Pierre Bourdieu, 42–74. Frankfurt: Suhrkamp (Erstveröffentlichung 1966).

Bourdieu, Pierre. 1976. *Entwurf einer Theorie der Praxis auf der ethnologischen Grundlage der kabylischen Gesellschaft.* Frankfurt: Suhrkamp (Erstveröffentlichung 1972).

© Springer Fachmedien Wiesbaden GmbH 2017
G. Saalmann, *Soziale Ungleichheit in Indien,* essentials,
DOI 10.1007/978-3-658-17624-2

Bourdieu, Pierre. 1982. *Die feinen Unterschiede. Kritik der gesellschaftlichen Urteilskraft.* Frankfurt: Suhrkamp (Erstveröffentlichung 1979).

Bourdieu, Pierre. 1983. Ökonomisches Kapital, kulturelles Kapital, soziales Kapital. In *Soziale Ungleichheiten* (Soziale Welt Sonderband 2), Hrsg. R. Kreckel, 183–198. Göttingen: Schwartz (Wiederabdruck in: Bourdieu, Pierre. 1992. *Die verborgenen Mechanismen der Macht. Schriften zu Politik und Kultur 1*, 49–79. Hamburg: VSA).

Bourdieu, Pierre. 1985. *Sozialer Raum und Klassen. Leçon sur la leçon. Zwei Vorlesungen.* Frankfurt: Suhrkamp.

Bourdieu, Pierre. 1988. *Homo academicus.* Frankfurt: Suhrkamp (Erstveröffentlichung 1984).

Bourdieu, Pierre. 1991. "Meanwhile I have come to know all the diseases of sociological understanding." An Interview with Pierre Bourdieu by Beate Krais. In *The craft of sociology. Epistemological preliminaries*, P. Bourdieu, J.-C. Chamboredon, und J.-C. Passeron, 247–259. Berlin: Walter de Gruyter (Erstveröffentlichung 1988).

Bourdieu, Pierre. 1993. *Soziologische Fragen.* Frankfurt: Suhrkamp (Erstveröffentlichung 1980).

Bourdieu, Pierre. 1998. *Praktische Vernunft Zur Theorie des Handelns.* Frankfurt: Suhrkamp (Erstveröffentlichung 1994).

Bourdieu, Pierre. 2005. *Die männliche Herrschaft.* Frankfurt: Suhrkamp (Erstveröffentlichung 1998).

Bourdieu, Pierre, und Jean-Claude Passeron. 1971. *Die Illusion der Chancengleichheit. Untersuchungen zur Soziologie des Bildungswesens am Beispiel Frankreichs.* Stuttgart: Klett (Erstveröffentlichung 1964).

Boyce, Mary. 1987. Priests, cattle and men. *Bulletin of the London School of Oriental and Asian Studies* 50 (3): 508–522.

Brosius, Christiane. 2010. *India's middle class. New forms of urban leisure, consumption and prosperity.* New Delhi: Routledge.

Brown, W. Norman. 1970. *Man in the universe. Some cultural continuities in India.* Berkeley: University of California Press.

Carman, Richard, und Frédérique A. Marglin. Hrsg. 1985. *Purity and auspiciousness in Indian society.* Leiden: Brill.

Chakravarti, Uma. 2006. Towards a historical sociology of stratification in ancient India: Evidence from Buddhist sorces. In *Everyday lives, everyday histories: Beyond the kings and Brahmanas of 'Ancient' India*, Hrsg. Uma Chakravarti, 59–69. New Delhi: Tulika Books (Erstveröffentlichung 1985).

Charsley, Simon. 1996. »Untouchable«: What is in a name? *Journal of the Royal Anthropological Institute* 2 (1): 1–23.

Chatterjee, Partha. 1996. The manifold uses of Jati. In *Region, religion, caste, gender and culture in contemporary India*, Hrsg. T. V. Sathyamurthy, 281–292. New Delhi: Oxford University Press.

Cox, Oliver C. 1945. Race and caste: A distinction. *American Journal of Sociology* 50 (5): 360–368.

Cox, Oliver C. 1948. *Caste, class and race. A study in social dynamics.* Garden City: Dobleday.

Crane, Robert J. 1964. The transfer of Western education to India. In *Transfer of institutions*, Hrsg. W. B. Hamilton, 108–138. Durham: Duke University Press.

Das, Veena. 2001. Caste. In *International encyclopedia of the social and behavioral sciences*, Hrsg. N. J. Smelser und P. B. Baltes, 1529–1532. Amsterdam: Elsevier.

Das, Veena. 2012. *Structure and cognition. Aspects of Hindu caste and ritual*. New Delhi: Oxford University Press (Erstveröffentlichung 1977).

Deliège, Robert. 1993. The myths of origin of the Indian untouchables. *Man* 28 (3): 533–549.

Deliège, Robert. 2014. Is there still untouchability in India? In *State and society in South Asia. Themes of assertion and recognition*, Hrsg. A. Fischer und C. Spiess, 145–163. New Delhi: Samskriti (Erstveröffentlichung 2002).

Deshpande, Ashwini. 2011. *The grammar of caste. Economic discrimination in contemporary India*. New Delhi: Oxford University Press.

Dirks, Nicholas B. 2001. *Castes of mind. Colonialism and the making of modern India*. Princeton: Princeton University Press.

Dube, Leela. 2001. Caste and women. In *Anthropological explorations in gender. Intersecting fields*, Hrsg. Leela Dube, 154–180. New Delhi: Sage (Erstveröffentlichung 1996).

Dumont, Louis. 1967. Caste: A phenomenon of social structure or an aspect of Indian culture? In *Caste and race: Comparative approaches*, Hrsg. A. de Reuck und J. Knight, 28–38. London: Churchill.

Dumont, Louis. 1975. On the comparative understanding of non-modern civilizations. *Daedalus* 104 (2): 153–172.

Dumont, Louis M. 1976. *Gesellschaft in Indien Die Soziologie des Kastenwesens*. Wien: Europaverlag (Erstveröffentlichung 1966).

Fabian, James. 1983. *Time and the other: How anthropology makes its object*. New York: Columbia University Press.

Fick, Richard. 1897. *Die soziale Gliederung im nordöstlichen Indien zu Buddhas Zeit*. Graz: Akademische Druck- und Verlagsanstalt (fotomechanischer Nachdruck 1974).

Fox, Richard G. 1969. Varna schemes and ideological integration in Indian society. *Comparative Studies in Society and History* 11 (1): 27–45.

Frøystad, Kathinka. 2005. *Blended boundaries. Caste, class, and shifting faces of »Hinduness« in a North Indian city*. New Delhi: Oxford University Press.

Ghurye, Govind S. 1957. *Caste and class in India*. Bombay: Popular Book Depot (Erstveröffentlichung 1932).

Gunasekera, Tamara. 1994. *Hierarchy and egalitarianism. Caste, class and power in Sinhalese Peasant Society*. London: Athlone Press.

Gupta, Dipankar. 2000a. *Interrogating caste. Understanding hierarchy and difference in Indian society*. New Delhi: Penguin.

Gupta, Dipankar. 2000b. India's unmodern modernity. In *India. Another millenium?*, Hrsg. R. Thapar, 85–107. New Delhi: Penguin.

Gupta, Dipankar. 2009. *The caged phoenix. Can India fly?* New Delhi: Penguin.

Guru, Gopal. 2002. How egalitarian are the social sciences in India? *Economic and Political Weekly* 37 (50): 5003–5009 (Dec. 14).

Halbfass, Wilhelm. 1975. *Zur Theorie der Kastenordnung in der indischen Philosophie*. Göttingen: Vandenhoeck & Ruprecht.

Halbfass, Wilhelm. 2000. *Karma und Wiedergeburt im indischen Denken*. Kreuzlingen: Hugendubel.

Hasan, Zoya. 2010. The die is cast(e): The debate on backward caste/class quotas, 1990 and 2006. In *Diversity and change in modern India. economic, social and political approaches*, Hrsg. A. F. Heath und R. Jeffery, 165–187. Oxford: Oxford University Press.

Heredia, Rudolf C. 2012. *Taking sides. Reservation quotas and minority rights in India.* New Delhi: Penguin.

Inden, Ronald. 1990. *Imagining India*. Chicago: University of Chicago Press.

Jha, Vivekanand. 1975. Stages in the history of untouchables. *Indian Historical Review* 2 (1): 14–31.

Jodhka, Surinder S. 2012. *Caste*. New Delhi: Oxford University Press.

Jodhka, Surinder S. 2015. Ascriptive hierarchies: Caste and its reproduction in contemporary India. *Current Sociology* 63:1–16.

Ketkar, Shridhar V. 1909. *The history of caste in India*. New York: Taylor & Carpenter.

Khare, Ravindra S. 1986. The Indian meal: Aspects of cultural economy and food use. In *Food, society, and culture*, Hrsg. R. S. Khare und M. S. A. Rao, 159–183. Durham: Carolina University Press.

King, Richard. 1999. *Orientalism and religion. Postcolonial theory, India and 'the Mystic East'*. London: Routledge.

Klass, Morton. 1993. *Caste. The emergence of the South Asian social system*. New Delhi: Manohar (Erstveröffentlichung 1980).

Kolenda, Pauline. 2006. Dumont revisited. *Economic and Political Weekly* 41 (48): 4961–4964 (December 2).

Küchle, Andreas. 2015. Cultural and social change in Nagaland. In *Changing India: Yesterday, today and tomorrow*, Hrsg. G. Saalmann, 137–192. New Delhi: Winshield Press.

Kumar, Vivek. 2016. How egalitarian is Indian sociology? *Economic and Political Weekly* 51 (25): 33–39 (June 18).

Leach, Edmund R. 1967. Caste, class and slavery: The taxonomic problem. In *Caste and race. Comparative approaches*, Hrsg. A. de Reuck und J. Knight, 5–16. London: Churchill.

Liddle, Joanna, und Joshi Rama. 1986. *Daughters of independence. Gender, caste and class in India*. London: Zed Books.

Lindt, Benjamin. 2013. Towards a comprehensive model of caste. *Contributions to Indian Sociology* 47:85–112.

Lynch, Owen. 1977. Method and theory in the sociology of Louis Dumont: A reply. In *The new wind. Changing identities in South Asia*, Hrsg. K. David, 239–262. Den Haag: Mouton.

Mandelbaum, David. 1970. *Society in India. Continuity and change. Change and continuity*. Bombay: Popular Prakashan.

Marriott, McKim. 1969. Review homo hierarchicus. *American Anthropologist* 71 (6): 1166–1175.

Marriott, McKim, und Ronald B. Inden. 1974. Caste Systems. In *Encyclopaedia Britannica, Macropaedia*, Bd. 3, 15. Aufl., 982–991. Chicago: Encyclopaedia Britannica.

Marriott, McKim, und Ronald B. Inden. 1977. Toward an ethnosociology of South Asian caste systems. In *The new wind. Changing identities in South Asia*, Hrsg. K. David, 227–238. Den Haag: Mouton.

Marx, Karl. 1867. *Das Kapital*. MEW, Bd. 23. Berlin (Ost): Dietz.

Marx, Karl. 1894. *Das Kapital.* MEW, Bd. 25. Berlin (Ost): Dietz.

Mayer, Adrian C. 1956. Some hierarchical aspects of caste. *South Western Journal of Anthropology* 12 (1956): 117–144.

Menon, Dilip M. 2006. *The blindness of insight. Essays on caste in modern India.* Pondicherry: Navayana.

Michaels, Axel. 1998. *Der Hinduismus. Geschichte und Gegenwart.* München: Beck.

Milner, Murray. 1994. *Status and sacredness. A general theory of status relations and an analysis of Indian culture.* New York: Oxford University Press.

Müller, Hans-Peter. 2014. *Pierre Bourdieu. Eine systematische Einführung.* Suhrkamp: Berlin.

Mukherjee, Ramkrishna. 1977. Trends in Indian sociology. *Current Sociology* 25 (3): 1–193.

Mukherjee, Ramkrishna. 1999. Caste in itself, caste and class, or caste in class. *Economic and Political Weekly* 34 (27): 1759–1761 (July 3).

Nadkarni, M. V. 2003. Is caste system intrinsic to Hinduism. Demolishing a myth. *Economic and Political Weekly* 38 (45): 4783–4793 (November 8).

Olivelle, Patrick. 1993. *The Ashrama system. The history and hermeneutics of a religious Institution.* New York: Oxford University Press.

Olivelle, Patrick. 1998. Caste and purity: A study in the language of Dharma literature. *Contributions to Indian Sociology (NS)* 32 (1998): 189–216.

Patel, Sujata. 2013. Orientalist-eurocentric framing of sociology in India: A discussion on three twentieth-century sociologists. *Political Power and Social Theory* 25:105–128.

Pitt-Rivers, Julian. 1971. On the word »caste«. In *The translation of culture. Essays to E. E. Evans-Pritchard*, Hrsg. T. O. Beidelman, 231–256. London: Tavistock.

Pohlman, Edward W. 1951. Evidence of disparity between the Hindu practice of caste and the ideal type. *American Sociological Review* 16 (1951): 375–379.

Quigley, Declan. 1999. *The interpretation of caste.* New Delhi: Oxford University Press (Erstveröffentlichung 1993).

Rehbein, Boike. 2006. *Die Soziologie Pierre Bourdieus.* Konstanz: UVK.

Rehbein, Boike, und Jessé Souza. 2014. *Ungleichheit in kapitalistischen Gesellschaften.* Weinheim: Beltz Juventa.

Ross, Thomas. 1991. *Der Tod des heiligen Baumes. Ein Bericht aus dem innersten Indien.* München: Hanser.

Rothermund, Dietmar. 2008. *Indien. Aufstieg einer asiatischen Weltmacht.* Beck: München.

Saalmann, Gernot. 2008. Der Begriff modern und seine Analysekraft. www.freidok.uni-freiburg.de/volltexte/8118.

Saalmann, Gernot. 2016. *Soziologische Theorie. Grundformen im Überblick,* 2. Aufl. Wiesbaden: Springer VS.

Saalmann, Gernot, und Rehbein Boike. 2008. Modernisierung religiöser Traditionen? Klassische Modernisierung und indische Reaktionen. In *Religion und die Modernität von Traditionen in Asien. Rekonfigurationen von Götter-, Geister- und Menschenwelten*, Hrsg. J. Schlehe und B. Rehbein, 35–76. Berlin: LIT.

Saavala, Minna. 2010. *Middle class moralities. Everyday struggle over belonging and prestige in India.* Hyderabad: Orient Blackswan.

Sahay, Gaurang R. 2004. Hierarchy, difference and the caste system: A study of rural Bihar. *Contributions to Indian Sociology* 38 (1–2): 113–136.

Schneickert, Christian. 2015. *Nationale Machtfelder und globalisierte Eliten*. Konstanz: UVK.

Sen, Sunil K. 1994. *Working class movements in India, 1885–1975*. New Delhi: Oxford University Press.

Shah, Arvindbhai M. 1998. *The family in India. Essays*. New Delhi: Orient Longman.

Sharma, K. N. 1975. On the word »Varna«. *Contributions to Indian sociology (NS)* 9 (1975): 293–297.

Sharma, Ursula. 1999. *Caste*. Buckingham: Open University Press.

Shaw, Annapurna. 2012. *Indian cities*. New Delhi: Oxford University Press.

Sheth, Dhirubhai L. 2006. Caste and democracy. The politics of exclusion and inclusion. In *Soziale Ungleichheit, Kulturelle Unterschiede (32. Kongress der DGS)*, Hrsg. K.-S. Rehberg, 1084–1099. Frankfurt: Campus.

Smith, Brian K. 1994. *Classifying the Universe. The ancient Indian Varna system and the origins of caste*. Oxford: Oxford University Press.

Smith, David. 2003. *Hinduism and modernity*. Malden: Blackwell.

Sridharan, E. 2011. The growth and sectoral composition of India's middle classes: Their impact on the politics of economic liberalization. In *Elite and everyman. The cultural politics of the Indian middle classes*, Hrsg. A. Baviskar und R. Ray, 27–57. New Delhi: Routledge (Erstveröffentlichung 2004).

Srinivas, Mysore Narasimhachar. 2013. *Social change in modern India*. Hyderabad: Orient Blackswan (Erstveröffentlichung 1966).

Srivastava, Vivek K. 2015. Globalization and inequalities in South Asia. In *Understanding the dynamics of global inequality. Social exclusion, power shift, and structural changes*, Hrsg. A. Lenger und F. Schumacher, 127–146. Heidelberg: Springer.

Teltumbde, Anand. 2010. *The persistence of caste. The Khairlanji murders and India's hidden Apartheid*. New Delhi: Navayana.

Thapan, Meenakshi. 2006. Habitus, performance and women's experience: Understanding embodiment and identity in everyday life. In *Reading Pierre Bourdieu in a dual context. Essays from India and France*, Hrsg. R. Lardinois und M. Thapan, 199–229. New Delhi: Routledge.

Thapar, Romila. 1984. *From lineage to state*. New Delhi: Oxford University Press.

Thapar, Romila. 1997. *Ashoka and the decline of the Mauryas*. New Delhi: Oxford University Press (Erstveröffentlichung 1961).

Tharoor, Shashi. 2005. *Eine kleine Geschichte Indiens*. Frankfurt: Suhrkamp.

Titzmann, Fritzi-Marie. 2011. Matchmaking 2.0. The representation of women and female agency in the Indian online matrimonial market. *Internationales Asienforum* 42 (3–4): 239–256.

Unnithan, Thottamon K. K. N. 1982. A new sociology for India – review of sociology in the 1970's and perspective for the 1980's. In *Sociology in India. Retrospect and prospect*, Hrsg. P. K. B. Nayar, 61–92. Delhi: B. R. Publishing Corporation.

Vaid, Divya. 2012. The caste-class association in India. An empirical analysis. *Asian Survey* 52 (2012): 395–422.

Vaid, Divya, und Heath Anthony. 2010. Unequal opportunities: Class, caste and social mobility. In *Diversity and change in modern India. Economic, social and political approaches*, Hrsg. A. F. Heath und R. Jeffery, 129–164. Oxford: Oxford University Press.

Varma, Pavan K. 1998. *The great Indian middle class*. New Delhi: Penguin.

Varma, Pavan K. 2004. *Being Indian. The truth about why the twenty-first century will be India's*. New Delhi: Penguin.

Wadley, Susan. 1977. Power in Hindu ideology and practice. In *The new wind. Changing identities in South Asia*, Hrsg. K. David, 133–157. Den Haag: Mouton.

Warner, W. Lloyd. 1936. American caste and class. *American Journal of Sociology* 42 (1936): 234–237.

Weber, Max. 1972. *Wirtschaft und Gesellschaft (WuG)*. Tübingen: Mohr (Erstveröffentlichung 1922).

Xaxa, Virginius. 2001. Protective discrimination. Why scheduled tribes lag behind scheduled castes. *Economic and Political Weekly* 36 (29): 2765–2772.

Yalman, Nur. 1969. De Tocqueville in India: An essay on the caste system. *Man* 4 (1): 123–131.

Ziegenbalg, Bartholomäus. 1998. *Malabarische Korrespondenz* (1714/1717, Hrsg. K. v. Liebau). Sigmaringen: Thorbecke.